家庭教育创新与实践

王兴中　著

西南交通大学出版社
·成都·

图书在版编目（CIP）数据

家庭教育创新与实践 / 王兴中 著. —成都：西南交通大学出版社，2011.4

ISBN 978-7-5643-0983-1

Ⅰ.①家… Ⅱ.①王… Ⅲ.①家庭教育 Ⅳ.①G78

中国版本图书馆 CIP 数据核字（2010）第 248314 号

家庭教育创新与实践

王兴中 著

责任编辑	王 婷
特邀编辑	钟 清
封面设计	科鹏文化
出版发行	西南交通大学出版社 (成都二环路北一段 111 号)
发行部电话	028-87600564 87600533
邮编	610031
网址	http://press.swjtu.edu.cn
印刷	成都蓉军广告印务有限责任公司
成品尺寸	142 mm × 210 mm
印张	4.8125
字数	124 千字
版次	2011 年 4 月第 1 次
印次	2011 年 4 月第 1 次印刷
书号	ISBN 978-7-5643-0983-1
定价	20.00 元

作者简介

王兴中，男，1956年出生，四川内江人。1985年加入中国共产党，1974年高中毕业后下乡当知青。1980年毕业于西南师范大学化学化工学院，分配到万源中学任教。现为万源中学党委书记、校长，中学高级教师，四川省中学特级教师；中国教育学会会员，中国环境科学学会会员，中国国情调查研究会高级研究员；中国管理科学研究院学术委员会研究员，中国管理科学研究院基础教育研究所学术委员会委员，特约研究员，中国亚太经济发展研究中心行业副理事长；四川省心理学会会员，四川省少年科普作家协会副会长，中国国际专业人才发展研究中心行业副理事长，中华全国教育家协会副会长；国教研教育科技研究院特邀研究员，世界杰出华人教育家协会会员，中国教育工作者协会会员；达州市教育学会化学专业分会副理事长，电化教育学会理事。"学科带头人"，"高三学科组指导委员"，达州市第二届党代表，万源市第三届政协委员，万源市第四届人大代表，"科技经济顾问团顾问"。多次被评为县"优秀教师""优秀党员"，曾荣获万源市"学校思想政治工作先进工作者""优秀科普工作者""优秀政协委员""有突出贡献的中青年科技拔尖人才"达州市"优秀科普工作者""优秀科技辅导员""模范教师""优秀校长""教育技术装备先进个人""学科带头人"四川省"德育先进工作者""高中学生化学竞赛优秀指导教师""教育系统'四五'普法先进个人""全国基础教育先进个人""全国学校规范化管理杰出校长""全国创新型校长""中华人民共和国有突出贡献专家""和谐中国·首届全国中小学校园文化建设百佳校长""全国师德标兵""中国教育风云人物""2007中国教育管理杰出人物""全国杰出教育家”“中国百名优秀校长”“全国优秀人民教育家荣誉称号”“改革开放30年中国基础教育杰出人物”“2008年度‘孺子牛’杯全国优秀教师”“‘十一五’规划重点课题先进实验工作者”“中国教育专家委员”“百年学术成就奖”“改革开放30年中国百位杰出管理创新人物”“中国改革开放30年行业百名功勋人物”“中国中学最具影响力校长”“达州市学术和技术带头人”“全国优秀教师”“四川省中学特级教师”等光荣称号。

担任过学科组长、教研组长、年级组长、教导主任、副校长，现任学校党委书记、校长。担任了6个班的班主任，20个年级50个班的化学课，连续担任15届高三毕业班的教学。有丰富的教育教学经验和精湛的教学技艺，善于调动学生学习的积极性，教育教学工作深受学生欢迎。对化学教学有较精深的研究和独到的见解，治学严谨，指导有法，寓教于乐，高考化学成绩高于省平均10分以上。为高校输送了大量合格新生，为社会培养了大批优秀建设者。学生遍布天南海北。

先后在《中学生数理化》《四川教育学院学报》等二十余种报刊上发表教研论文230余篇，36篇获国家、省部级奖。其中，《Na_2O_2为何比Na_2O更稳定》获全国首届中学教研论文一等奖；《怎样培养学生的观察能力》获中央教科所全国中小学教师、教研员“教研杯”论文二等奖；《课堂教学是实施素质教育的主渠道》获中央教科所优秀论文奖；《中学教科室的地位和作用》获四川省教科所优秀论文奖；《化学用语书写错误例析》获全国化学学会、中学生数理化征文评选二等奖；《独生子女教育问题的研究与思考》获中国教育学会优秀论文三等奖；《抓基础，重能力，提高复习效率》获四川省中学化学教育科研优秀论文奖；《家庭教育策略初探》获中国教育学会优秀论文三等奖；《谈怎样提高中小学教研的有效性》在《中国名校之魂》征稿活动中荣获一等奖；《加强校园文化建设，营造良好育人环境》获中国新时期人文科学成果一等奖；《新世纪素质教育对骨干教师的要求》获四川省优秀教育科研成果三等奖；《提升班主任素养，全面实施素质教育》获四川省优秀论文三等奖；《怎样指导学生学习》获达川地区普教科研成果一等奖；主编了《化学计算技巧与题型》《新高考考点与测试丛书》(化学分册)。担任副主编编写了《化学教与学》等8本教学用书，参编了《化学学习指导》等18册学生用书。

主研的课题实验《三结合对学困生的影响及对策研究》获国家"十五"计划重点课题一等奖，《创建和谐校园与教师专业发展的研究》获国家"十一五"规划重点课题一等奖，《家庭教育实践创新研究》获中央教科所教育科研课题成果一等奖，《发展学生非智力因素的实践与研究》获四川省政府首届优秀教学成果三等奖，《秦巴山区普通中学活动课程开设的实践与研究》获四川省第二届基础教育课程改革优秀成果一等奖、达州市科技进步三等奖，《高中化学程序启发教学实验》获达川地区第二届优秀教学成果二等奖；《调动学生学习政治课的主动性实验》获达州市人民政府优秀教学成果三等奖；《学困生不良心理的控制策略研究》获达州市科技进步三等奖；《提高思想政治课中个性教育的有效性研究》获达州市人民政府首届教学成果三等奖；《现代教育技术与活动课的开设》获达州市电化教育科研成果三等奖。现正主研四项国家、省、地级课题。

辅导学生小论文、小制作12项，获国家、省、地级奖。《管道拾物钳》《变形漏斗》《多用试管夹》《乙炔的制取及性质实验演示器》《无线电数字信号"防盗门"手机接收装置》《粉尘爆炸仪》分别获四川省第19届、21届、23届、24届青少年科技创新大赛二、三等奖。《多用活动笼》在四川省第六届青少年发明创造科学论文科技制作竞赛评比中获二等奖。在达州市青少年科技创新大赛中，《方便提子》《液体二极管》《多用试管夹》《乙炔的性质实验演示器》《受迫振动与共振演示器》等五项获一等奖，《无线电数字信号'防盗门'手机接收装置》获二等奖，《铅球捡拾器》获三等奖。

10项制作获国家、省一、二、三等奖，《玻璃管刀》在第一届全国中小学劳技教育创新作品邀请赛中获二等奖;《多功能剪刀》在第五届全国教育工作者发明与科技制作展评活动中获三等奖;《蒸汽轮机原理演示仪》《一张纸》在第六届全国科技教育创新作品展评活动中荣获二等奖,在四川省科技创新作品评选中获一等奖;《枝剪》获全国三等奖,省二等奖;《简易潜水呼吸器》获全国第七届"科技创新竞赛"三等奖、四川省第七届科技辅导员科教创新竞赛二等奖、达州市教师科技创新作品竞赛一等奖;《通电导体发热现象演示仪》获四川省第七届科技辅导员科教创新竞赛三等奖;《复式试管夹》《变形漏斗》被中国教育学会化学专委会评为优秀成果一等奖;《椭圆规》在达州市第八届自制教、玩具评比中荣获一等奖;《玻璃管刀》《液体单向管》《复式试管夹》《方便提子》获国家专利;《玻璃管刀》被评为国家科技进步成果一等奖、国家专利技术"发明奖"二等奖。

多次作为专家担任地区化学教师赛课的评委,参加四川省示范高中的验收、特级教师的考察等活动,任全省中学化学教师培训主讲教师,四川省中学高级教师评审委员会成员。为西华师大、省教院、四川文理学院等院校大学毕业生作过多次专题报告。

作为万源市中学的校长,带领全校师生奋力拼搏,着力于加强学校管理,狠抓教育教学质量的提高,学校软、硬件的建设,校园的美化、绿化,学校教风、学风、校风的建设,成功地创建了"中国名校""中国西部名校""中国最具影响力中学""巴蜀名校""北京师范大学校本培训基地""全国优质教育资源建设重点示范基地校""中国师德建设重点示范单位""全国学校规范化管理示范单位""国家教育科研创新型学校""全国教育发展'十五'计划重点课题先进实验校""国家教师科研基金'十一五'规划重点项目教育科研先进单位""全国课题研究合作基地""中国特色教育理念与实践项目学校""首批全国德育工作重点示范基地校""和谐中学。首届全国校园文化建设百佳创新学校""中学课堂教学管理先进学校""四川省文明单位""四川省示范性普通高中""四川省校风示范学校""四川省实验教学示范学校”“四川省现代教育技术示范学校”“四川省心理健康教育示范学校”“艺术教育先进学校”“省体育传统项目示范学校”“绿色学校”“青少年科技教育示范学校”“青少年科普作家培养基地”“卫生先进单位”“食品卫生等级 A 级达标单位”“学校示范食堂”“模范教工之家”“五四红旗团委”“三八红旗集体”“档案规范化管理二级达标单位”“创新人才共建单位”“物价信得过单位”“教育服务满意单位”,被团中央命名为“巴山小红花”“达州市最佳文明单位”“达州市学校思想政治工作先进集体”“达州市常规管理示范学校”“达州市教改实验学校”“达州市教育装备工作示范学校”“达州市先进教育科研示范学校”“达州市以校为本教研基地校”“达州市铸师魂、树品牌群体师德创优活动先进集体”“达州市综合治理模范单位”“达州市依法管理示范学校”“达州市最佳卫生先进单位”“达州市科技教育示范学校”“达州市安全生产管理示范学校”“达州市绿色学校”“达州市依法管理示范学校”“达州市先进基层党组织”“达州市和谐校园”“达州市巾帼示范岗”等 80 余项荣誉和一系列荣誉称号。

前　言

赵翼说：江山代有才人出，各领风骚数百年。

面对今天的孩子，反思今天的教育，我们这种自信和期冀，似乎发生了动摇。

今天的孩子，饭来张口，衣来伸手，三年自然灾害犹如天方夜谭；

今天的孩子，娇生惯养，兄妹无争，父辈祖辈代代视其为皇帝公主；

今天的孩子，网络相伴，时空倒转，自然与社会陷入极度虚幻；

正是这种爱的养育，蜜的浇灌，似乎让我们有苦难言；

——思想上的放纵，让孩子骄横跋扈，唯我独尊；

——物质上的优越，让子女意志薄弱，不思进取；

——学习上的辅导陪读，让孩子学而不习，智力退化；

——琐事上的包办代替，让子女养尊处优，四体不勤。

我们的教育成为了唠叨，我们忧虑如杞人忧天，我们的教育更让他们时刻心生逆反，我们正在品尝社会痛疾的苦果，我们正在目睹下一代成长的贻误，我们呼吁真的教育，渴望传统与和谐的回归。

古人说：见兔而顾犬，未当晚也；亡羊而补牢，未为迟也。

天赋如同自然花木，需要修剪——教育必不可少；

性格塑造于婴儿——教育要从孩子抓起；

观从器者为良近，观众病者为良逆——教育需要借鉴；

吾生也有涯，而知也无涯——教育需要学习；

仁者见之谓之仁，智者见之谓之智——教育要全面释证；

不登高山，不知天之高也；不临深渊，不知地之厚也——教育需要体验，需要投入情感和精力。父母教育孩子的过程，也是自身学习感悟的过程，也有人说，家长等于半个学生加半个教师，这难道不是家长角色的定位，不是家庭教育的诠释吗？

《三字经》曰："子不教，父之过，教不严，师之惰"，岂可片面解之，师者，非仅为学校之师，家长亦为孩子之师，且是孩子第一任启蒙教师，家庭也是孩子的第一所学校。鲁迅告诉我们：家长不可为"孩子之父"，只生不养，只数量而非质量，我们的家长应为"人之父"，既教又养，教养结合，要培养一个个顶天立地的人，方能挺起民族的脊梁。为此，我们应该培养我们的孩子成为人才，让他们成为堂堂的中国人，坚强自信，承载民族的希望；让他们成为现代的人，不夜郎自大，与世界同在；让他们成为文明人，不浅陋低俗，而志气高尚；让他们成为社会的人，学会自强，学会知耻，学会明智，学会廉洁，学会勤俭，学会创新，也让他们成为新世纪的新青年。

为教者，当千教万教教人求真；为学者，当千学万学学做真人，求性情之真，求志趣之真，求知识之真，求能力之真，真可为善，真亦为美也。

良好的个性滋生卓越的才能，家庭教育当以养德为先，注重情趣。

非志无以成学，家庭教育当以立志为本，注意品质。

非学无以广才，家庭教育当以引导为主，注重历练。

孩子认知从形象开始，家庭教育要以身示范，注意习惯。

唯者如此，小荷玉立，渠水涟涟，满园荷韵良远益佳。

为此，我们几载探索，几番思考，感慨于心，积善成行，虽见笑于大方之家，亦可与万千家长共享，拙笔陋识，万望指教，不胜感激之系。

王兴中

2010年6月

目　录

引 言

许多人都说：结婚生子，自古以来是人的本能。也有人说“成材的树苗不用弯”，树大自然直，“一把露水一把苗，天生一人必有一路”。还有人认为：教孩子学习，念书成才那是学校的事、老师的事。我们认为：培养教育下一代是家庭、学校、全社会的头等大事，是很深的学问，是一门艺术。

在现实生活中，不少家长为了把孩子培养成有理想、有道德、有文化、有纪律的“四有”新人，积极配合学校教育，不断从德、智、体、美诸方面引导教育孩子，不断提高他们的素质，教育他们学会做人、学会交往、学会生存、学会学习，用现代教育的理念指导家庭教育，让子女从小就沿着正确的方向成长进步。

但是，在目前的家庭教育中，出现了一些令人担忧的现象：有的期望过高，要求过高，不切实际；有的管理粗暴，不讲民主；有的放任自流，任其自由发展；而较为普遍的是过于溺爱，包办一切。正如马克思所说：“还有什么比父母中蕴藏着的情感更为神圣的呢？父母的心，是最仁慈的法官，是最贴心的朋友，是爱的太阳，它的光焰照耀着我们心灵深处的意向。”爱子之心，人皆有之。高尔基曾说：“爱孩子，那是连母鸡也会的事。”但是，爱之过度、爱法不当则不利于孩子健康成长。

现在，多数家庭的孩子是独生子女。这根独苗，往往是家庭的“中心”、“小皇帝”、“小公主”。孩子在家中的地位往往在父母之上，甚至连爷爷、奶奶、外公、外婆都围着孩子一个人转。饭来张口、衣来伸手自不待言，鸡蛋尚需剥了壳，橘子要等抽了络方启尊口；无微不至的为人父母者唯恐心肝宝贝多走几步累了身子。“上学放学接送制”执行得比任何单位的规章制度都严格；为数不少的家长，宁可自己勒紧裤带，让孩子的物质消费大踏步跨过“初级阶段”而享受“小康生活”，也要让孩子接受良好的教育。年终压岁钱一掷数百，玩具多得能办个展览。

有时夫妻间唇枪舌剑，争论不休，难解难分，结果小宝贝一锤定音，双方都表示服从。难怪有的老人哀叹说，我不要儿子把我当老子养，我只要他把我当儿子养。家庭关系如此颠倒，令人悲哀。

父母疼爱子女，本来自古而然，无可非议，其本意是为了下一代的健康成长，为了长江后浪推前浪。但是任何事情总应有个“度”，父母关爱子女，发展到今天这个地步，已经有悖初衷：思想上放任，使子女骄横跋扈，唯我独尊；物质上过优，使子女意志薄弱，不思进取；学习上辅导陪读，使子女学而不“习”，智力退化；琐事上包办代替，使子女养尊处优，即使力所能及也四体不勤。社会上贵族学校的面世，豪华公寓的出现，斗富现象的滋生，对溺爱子女之风的凸显起到了推波助澜的作用。如不及时敲响警钟，将会贻误青少年一代的健康成长，后果不堪设想。

如何教育好下一代，怎样关心、爱护少年儿童，使他们沿着正确的方向健康成长；怎样纠正家教中的不良倾向，正确、适度施爱于下一代；家长怎样密切配合学校，搞好孩子的思想品德教育，这些都是关系到国家兴衰、家庭幸福、个人前途的大事，不能等闲视之。古今中外有很多成功的经验和失败的教训。他山之石，可以攻玉。我们不妨结合我们的实际，学习、借鉴，为我所用。

家庭是社会的细胞，是每个人走向社会的港口，对人的影响较大，影响时间也最长。人人都有个家，家长是子女的第一任教师，又是终身教师。鲁迅先生在《热风》一书的《随感录二十五》一文中，把父亲即家长分为“孩子之父”和“人之父”两大类。“孩子之父”是只要生，不管他好不好，只要多，不管他“才”不“才”。生他的人，不负教育他的责任，这种家长，鲁迅轻蔑地斥之为“照例是制造孩子的家伙”，因此称为“孩子之父”。第二类是“人之父”。这种家长，不但生育孩子，而且承担起管教、养育孩子之责，为了中国的今天和明天，我们需要造就千千万万个“人之父”式的家长。当然，这种合格的家长不会从天而降。

据说，清朝末年，欧风东渐，不少地方办起了师范学堂，这时有一位老先生听了甚为诧异，并且愤愤然地说：“师何以还需受教，如此看来，还该有父范学堂了。”20 世纪 90 年代以来，新型的父范学堂——家长学校，应运而生。教子之道作为一门特殊的科学和艺术，将会被更多的家长所接受和应用。家庭教育中出现的各种问题，将不断作为教育科研课题，在实践—认识—再实践—再认识的过程中，逐步得到解决。

1993 年，联合国召开世界教育会议，产生了一句令人深省的名言：全世界面临第一位的挑战，不是新技术革命，而是德育问题！可见重视德育教育，并不是我国特有的“专利”，而是一个世界性的大趋势。我们应始终坚持把德育教育放在首位，加强对青年一代开展爱国主义、社会主义和集体主义教育。使他们树立正确的世界观、人生观和价值观，成为建设祖国的“四有”新人。

在人才标准问题上，在成人与成才关系上，伟大的人民教育家陶行知先生深刻地指出：“千教万教，教人求真，千学万学，学做真人。”几十年过去了，陶先生的名言，依然闪耀着真理的光辉。我国当代教育家吕型伟先生在评论人与才问题时，更是入木三分。他说：“我认为‘人’同‘才’并非有必然的联系。因为有的人是‘人’又有‘才’，这就叫‘人才’。有的人是‘人’没有‘才’，不能叫‘人才’。有的人有‘才’不是‘人’，这种人根本不能叫‘人才’。汪精卫有才，是汉奸，不是人。我们现在着眼培养人才，多出人才，我们希望他是人又是才。但是如果两者选择一样的话，我的观点是宁可他是人没有才，而不要他有才不是人。”

那么，怎样教育孩子成人？吕型伟先生提出四方面的标准：第一，要做文明的人。人是从动物进化来的。现代动物学家经过科学分析，认为现代人还没有完全摆脱动物状态。找人身上的劣根性，一找就找到动物身上。我们力争摆脱，摆脱得越多，越是一个文明的人。第二，做一个现代的人。做现代人有很多特有的要求，如：民主的观念、法制的观念、集体利益的观念。第三，做一个中国人。即使改变了国籍，血统改变不了，要有民族、国家的自尊心，不能丢国家的脸。第四，要做一个有社会主义觉悟的人。

今天，在市场经济条件下，重温我国传统立身处世的道德规范，对于教育好我们的后代，仍然有着重要的现实主义。一要自强。自强不息，锐意进取，是事业兴旺之本。只有自强，才有尊严，才会不被欺，不受辱，屹立于世界民族之林。二要节持。讲操守，重气节，对待荣辱功名、生死祸福，以仁德、从大义，做到注重大节、成仁取义。三要知耻。有耻则能有所不为，无耻则无所不为。四要明智。明辨是非，择善而行，见微达变。五要勇敢。多行仁义，勇敢刚强，克敌制胜，表现在征服自然、正义战争、科学发明以及推动社会进步的各项事业中，见义勇为，奋斗进取，临危不惧。六要节制。按照道德要求和原则，增强自我控制力，遵从礼义，守正祛邪，行为有度，取用有节。七要廉洁。淡泊名利，做到立身清白，循礼守法，防腐拒贿，无欲则刚。八要勤俭。日常生活勤劳节俭，事业上敬业节用。

古往今来，人格的力量，是成人成才的重要精神支柱。为揭开人才成长之谜，中国青少年研究中心曾对 148 名杰出青年的成长进行了专题研究。他们当中有：十大杰出青年、中国青年科学家、全国青年科技标兵、全国青年岗位能手、全国十佳少先队辅导员等。调研的数据表明：绝大多数人智力水平相差无几，而包含思想品德教育在内的非智力因素则是他们成人的关键。这个问题值得那些只关心孩子智力，无视孩子思想品德教育的家长们深思。同时，调查表明，杰出青年的父母，大多文化程度一般或稍低，他们苦于无法对子女的学业进行直接的辅导，但是其人格因素，尤其是诚实、勤奋、善良、自信、艰苦、奉献等优良品质，深刻影响子女，促进孩子形成积极向上、刻苦学习等各种优良品德，使子女终生受益。所以，家庭教育要十分重视学生的思想品德教育。把教育孩子学会做人放在第一位，是每位父母的必修课程。

第一章　家庭教育普遍存在的问题

第一节　孩子不良行为分析

什么是不良行为？作为中小学生，其个人行为要受制于校纪校规，如《中小学生守则》和《中学生日常行为规范》等；作为中国公民要受制于中国法律、法规的约束；作为一个中国人，其行为还受到中华民族传统道德的约束。人一生下来就生活在各种规则中，在规则中成长、成熟，任何违反规则的行为都是不良行为。根据程度不同，可将孩子的不良行为分为：

1. 轻度不良行为

它指与《中小学生守则》、《中学生日常行为规范》、公民道德规范、“八荣八耻”等相违背的一些行为及心理障碍等。

2. 中度不良行为

它指《中华人民共和国预防未成年人犯罪法》第十四条规定的，未成年人父母或者其监护人和学校应当教育未成年人不应具有的下列行为：

(1) 旷课，夜不归宿；

(2) 携带管制刀具；

(3) 打架斗殴，辱骂他人；

(4) 强行向他人索要财物；

(5) 偷窃、故意毁坏财物；

(6) 参与赌博或变相赌博；

(7) 观看、收听色情、淫秽的音像制品、读物等；

(8) 进入法律、法规规定未成年人不适宜进入的营业性歌舞厅等场所；

(9) 其他严重违背社会公德的不良行为。

3. 严重不良行为

它指《中华人民共和国预防未成年人犯罪法》第三十四条规定的“严重不良行为”，包括下列严重危害社会、尚不够刑事处罚的违法行为：

(1) 纠集他人结伙滋事，扰乱治安；

(2) 携带管制刀具，屡教不改；

(3) 多次拦截、殴打他人或者强行索要财物；

(4) 传播淫秽的读物或者音像制品等；

(5) 进行淫乱或者色情、卖淫活动；

(6) 多次偷窃；

(7) 参与赌博，屡教不改；

(8) 吸食、注射毒品；

(9) 其他严重危害社会的行为。

孩子的不良行为主要是由家庭和学校的教育方法不当造成的，当然，也严重地受社会环境的影响，这里我们主要研究家庭教育。

第二节　家庭教育的三种错位

在全国家庭教育指导活动的研讨会上，不少专家指出，家庭教育的“错位现象”是当前教育的一大“顽症”，迫切需要进行纠偏。其表现为：

1. 家庭教育和学校教育主客体错位

部分家长认为，孩子的教育是学校的事情，家长没有多大责任；或者一些家长对孩子进行家庭教育的内容和方式仅是学校教育的克隆。许多家长对老师说："老师请多费心了，我的孩子交给您了，您要怎么办都行。"他们在教育孩子的事情上像是局外人，致使其家庭教育丧失了自己应有的独特功能。

2. 家庭教育和学校教育时空错位

一些研究者调查发现：80%的学生没有洗过自己的袜子，46%的学生从来不干家务活，50%的学生不知道怎样叠被子。这种错位的家庭教育方式往往使学生认为父母帮助自己做一些事情是理所当然的，这对孩子健全人格的形成产生了负面影响。一些专家指出，在父母做出许多牺牲的同时，为什么学习困难生在改变自己上依然没有多大进展？关键是父母的牺牲已大大地超出了自己本应该做出的牺牲，也就是说，超出了父母在家庭教育和学校教育方面的时间和空间上应付出的成本。

3. 家庭教育中父母角色错位

在家庭教育中，父亲真正起主导作用的不过 12%，很多父亲对孩子不闻不问，或者态度简单粗暴、缺少耐心。一些研究者曾报告说，缺乏父爱的孩子易产生情感障碍，甚至成人后会有许多不良生活习惯。最近的研究表明，父亲在幼儿个性形成中有着不可替代的作用，父母双方都应参与到家庭教育中来，父亲更应该发挥自己不可替代的独特作用，使孩子能从父亲和母亲两方面吸取优点，以利于孩子完善人格的形成。有些父亲缺乏必要的威信，使过去的"严父慈母"变为"严母慈父"。

第三节　家庭教育的三种缺位

《中国青年报》报道：长春市政协就未成年人思想道德教育问题对8所学校进行调研发现，对不少孩子而言，5天的学校教育成果还来不及巩固，就在周末的两天中因受外界不良影响而消失殆尽。

“调研中发现，5+2=0现象在成绩差和成绩优异的学生中同样存在。”长春市某中学校长认为，产生5+2=0现象的共性因素之一是“情感失衡”，家长只注重学生的教育成果，而不从学生的情感需要出发，致使学生心理失衡，进而引发孩子的极大抵触，一旦脱离比较严密的教育环境，这些孩子便可能出现对教育的逆反行为。这是由于学校和家庭教育的不足造成的，是家庭教育的严重缺位和社会文化环境的缺陷引起的。

1. 家长整天酗酒打麻将却要求孩子出人头地

除了学校的老师和同学，孩子接触最多的就是父母。长春市政协委员、市妇女联合会副主席甘琳介绍，从对100名未成年人家长的抽样调查看：67%的家长首选子女“成龙”、“成凤”，而选择“做一个品德高尚的人”的比例只占33%，且“对于选择后者的家长而言，这也只是一种意愿，在中考、高考的压力下，到了具体成绩面前，家长到底会怎样要求孩子，不好说”。

“一些家长自己整天酗酒打麻将，却要求孩子出人头地，动辄棍棒相加。父母是孩子最好的老师，他们这个样子，能培养出德才兼备的孩子吗？”长春市政协常委刘芳说。

“我曾经遇到过这样的家长，他们信奉‘棍棒底下出孝子’，认为孩子要靠打骂才能有出息。有一个学生，被家长打的次数多了，好事的人开玩笑说，以后你爸再打你，你就说：‘等你老了以后再说。’学生小不懂事，信以为真，结果可想而知，带来的是更严厉的教训。”东北师大附小文化教育中心的甘培霖主任说：“难道孩子自己愿意做错事吗？愿意让父母打和骂吗？家长不要动不动就动粗，那只会在孩子心里造成阴影，对孩子的身心成长没有什么好处。孩子的教育要遵循以人为本、重视心灵的教育。”

2. 网络功能利用单一让学校教育成果功亏一篑

不良社会环境对学校教育带来的抵消作用，网络的负面影响是不小的。长春市政协委员、东北师范大学党委副书记柳海民表示，现今中小学对网络的利用非常单一，主要是玩游戏和聊天，而不是学习。他认为，网络的负面影响严重干扰着学校德育的正面作用，不健康网站对未成年人的人生观、世界观和价值观的形成，产生了严重误导，必须净化网络市场，否则学校教育的成果将功亏一篑。

李强是一名初三学生，每到周六、周日，他都会和几个同学一起去网吧“畅游”虚拟世界。接受采访时，他对记者直言：“感觉自己像个英雄，没人是我的对手。可从网吧出来，又还原成普通人，面对令人发晕的书本，总是不自觉地在10分钟之后就睡着了。我爸妈文化水平不高，工作又特别忙，没时间管我。每次成绩下来，他们都会发火，可就是没有办法。我也想改变，但抵抗不住那个‘英雄世界’的诱惑。”

“在开放的信息化时代，青少年成长的环境十分复杂，如‘过把瘾就死’的游戏人生观念，如无深度无理想无责任无意义的消极人生观念，如金钱至上、消费至上的生活观念等，都会对青少年的心理和精神世界产生消磨和腐蚀作用。”东北师范大学教育科学学院长期从事青少年教育问题研究的于伟教授对记者表示，大众媒体、社区环境、家庭环境以及同伴群体对青少年的影响都不可低估，只有当这些影响和学校的影响基本一致的情况下，学校教育的主导作用才能得以发挥，才能逐步实现5+2>7的理想教育境界。

3. 家长竟说不出孩子十个优点

上海市某校日前在一堂家庭教育课中进行测试时发现：家长对自己孩子的缺点普遍能一口气说上十几条，可一提到优点却支支吾吾，几乎难倒全场。专家指出，测试结果并非个别现象，六七成中学生的家长对孩子不满，最不满意的就是学习成绩。

一位六年级学生的家长说，他女儿考进班内前10名，兴高采烈地哼歌，但他提醒孩子不要沾沾自喜。理由是，班内前10名在年级中就排到近百名了，这个成绩如何能考进好高中？孩子听后觉得很委屈。专家指出，不少家长看不到孩子的进步，而总喜欢拿自己孩子的某个方面与更优秀的孩子比，结果越比越不满意，使孩子的压力与日俱增。

不满意的根源，是家长过高的期望值。专家指出，父母对孩子不满意，可能引发孩子的心理问题。不少孩子用逆反来“抗压”，但承受能力毕竟有限，压力过大又找不到释放渠道，就容易出问题。家长若只用学习成绩好坏来评价孩子，使成绩成为“不可承受之重”，其他能力即便再强也得不到肯定，容易使孩子消极失望，个别中小学生甚至有可能采用自杀等极端方式。

专家呼吁，家长要改变观念：好孩子的标准是既要学习好，又要身心健康，人格健全；好孩子是夸出来的。家长要善于发现并鼓励孩子的点滴成长，学会沟通和平等交流，应多表扬，少批评，避免使用刺激性语言，以免对孩子造成伤害。

第四节　家庭教育的三大误区

1. 方式的误区

根据社会学家的研究分析，不当的家庭教育方式，可归纳为三种类型：

一是“专制型”。主要表现为一些家长墨守“不打不成材”、

“黄荆棍下出好人”的信条，对子女采取严厉管制和强迫教育。做父母者以一贯正确自居，贯于发号施令，强制孩子无条件执行，稍有违抗，轻则冷眼相视、恶语相加，重则拳头棍棒加以压服，使孩子内心极度反感，有的则爆发出对抗性事故。

二是“溺爱型”。主要表现为一些家长不重视孩子自理能力、劳动习惯的培养，对孩子的要求过于满足。由于家长怀有过高期望值，望子成龙，宠爱有加，这种太多的迁就、放纵，易使孩子懦弱无能，自私任性，缺乏责任感，成为人格不健全的青年。

三是“供给型”。主要表现为一些家长本着“树大自然直”的原则，对子女教育放任自流，不闻不问。以为只要给子女提供物质生活条件即可，认为教育是学校的事。这种重养轻教的做法，忽略了对子女的感情关怀，不能建立亲密良好的亲情关系。

上述三种类型，均无好的结果。

案例之一：说的是“惯子不孝”的故事

家长杨某，自己吃过不少苦，现在生活好了，不愿孩子再受苦，因此对孩子百依百顺。溺爱使孩子缺少必要的磨炼，渐渐变得自私和无情。后果是什么呢？请看发生在这家的一件真实的事：奶奶庆贺60大寿，全家欢欢喜喜，这时孩子急着想吃蛋糕，爸爸说：“等一等，今天是奶奶的生日，应该让奶奶先吃。”孩子不满意，犯了横：“不让我先吃，你们谁也别想吃！”说着一巴掌把蛋糕从桌上打翻在地。奶奶见状伤心地哭了，说：“我爱你十几年，难道你爱我一天也不行吗？”这样的孩子继续惯下去，他的人生观、世界观就会定格在自私自利、冷酷无情上，很难指望这孩子能够孝顺父母。

案例之二：没有“读”懂孩子这本书

据《法律与生活》杂志报道，在北京海淀区有一个相当完美的知识型家庭：父亲是某科学院的高级工程师，母亲是中国一所著名的学府的副教授，女儿在美国攻读博士，儿子以597分的“托福”成绩，被美国一著名学府录取，数月后将赴美留学。就是这个文质彬彬的英俊小伙子，上午杀死了他的父亲，下午又用皮带勒死他的母亲。其父死前讲的最后一句话是："你有什么要求、需要，可以对爸爸讲嘛，何必走此下策。"其母在死前也说："你有什么需求？需要什么，完全可以向我们提呀。"儿子回答说："晚了！妈妈，你要早这样和我谈话，听我的意见，我也不会走这一步，但是现在谈什么也没有用了。"当检察长审问他为什么要杀父亲、母亲时，他说："一个根本的原因就是家庭的错误管教方式。"从他的叙述中，可以看出其父母在管教中的不当。比如，他看父母每天工作很辛苦，年纪也大了，希望他们多睡一会，就自己在刷牙洗脸过程中，把牛奶煮好，把早点热好，妈妈却每每不高兴地说："早饭不用你管，有时间多看看外文比什么都强。"又比如，他说："我很喜欢打网球，妈妈不让我打，而要我跑步锻炼身体，认为打网球耽误时间，跑步再怎么跑也不过20分钟。"下午看书累了，于是他打开录音机唱一首费翔的《故乡的云》，不一会儿妈妈就过来了，说："该看书了，唱歌唱不出洋博士！"有时他正专心致志地看书，就听到一阵嚓嚓的脚步声，接着一只手从他背后突然伸过来，翻开他正在看的书，看看下面是否藏着课外书籍，当他因受污辱而愤怒时，妈妈的背影便消失在门口。再如，爸妈外出串门，他一个人在家里开心地看着电视剧《神探亨特》，正在关键时刻，爸妈回来了，电视机被"啪"的一声关上了。每次冲突，都是儿子屈从父母，他们粗暴的言行，真可谓"爱你没商量"。当问及杀死父母诱因时，他说，因母亲在大街看到他与女友散步，就勃然大怒，竟不顾大街上众多行人观看，劈头盖脸地训斥他，回家后仍余火不熄，余怒未消，不容他做解释。孩子心中积怨日益增多，又得不到化解，于是萌生了残忍地杀死父母的恶念，经过一个月的思考终于付诸行动。他杀人的诱因突出地反映出父母在思想教育上的许多问题。在悲愤遗憾之余，人们不禁要问：两位高层次知识分子，你们在家教上怎么就如此"无知"呢？你们一生读懂了大量书籍，唯独没有“读”懂孩子这本书啊！

2. 内容的误区

科学的家庭教育应涵盖孩子身、心、智、德等诸多方面，应该对孩子进行全方位、立体性的培养和开发。家庭教育内容的误区在实践中表现为：一些家长对孩子的教育重身体素质培养，轻心理素质培育；重智力开发，轻非智力因素培养；重知识传授，轻能力培养。

案例：说的是重智轻德的故事

有这样一个真实的笑话：某省一位城市高中学生，在家长的督促下，学习成绩不错，但是平时常常小偷小摸，积恶成习，父母也不加管教，听之任之。高考时班主任在写评语却犯了难。如实写吧，肯定没有一所大学愿意录取小偷；不实事求是，为其隐瞒，又有违教师的职业道德。于是这位老师便想了一个“妙招”，既保住师道尊严，又保证不影响他被录取，便在其评语表上加上一句——该生手脚灵活。某大学招生人员看了评语以后，误认为该学生的动手能力强，是个优点，就将他录取了。这个学生因本性难改，到了大学继续偷窃，后来被抓坐牢，大学派人到该生就读中学来了解情况时才恍然大悟。许多事实说明，这种只重成才忽视成人的做法，终难成其正果。

3. 观念的误区

在现实生活中，很多家庭把对孩子的教育看成是自家的私事。这种把子女当私有物进行培养的观念，使一些家长对合理、科学的学校教育与社会教育不积极配合，当家庭的教育价值观与之发生冲突和矛盾时，常出于某种狭隘的目的而另搞一套。主要表现在：

第一种是唯学校论。部分家长认为对孩子的教育完全是学校的事，有人称之为教育“外包”。我送孩子到学校学习，给孩子交了学费，理所当然该学校管，该老师教。孩子学习差，表现不好，那是学校和老师的责任。

第二种是唯分数论。在中国现行用人制度下，很多家长认为，孩子成才的途径是通过高考上大学。在千军万马过独木桥的激烈竞争形势的逼迫下，部分家长把分数看得特别重要。因此不少的家长只关心孩子的分数，不过问孩子的思想表现和能力的发展情况，从而导致一些孩子学习成绩虽好，但品德差、能力低，甚至个别学生连生活也不能自理。

第三种是拔苗助长。望子成龙心切，盲目加重孩子的学业负担，除了完成学校的学习任务，还硬逼着孩子弹钢琴、练画画、学书法等，个别家长甚至放弃自己的工作去陪读、陪练，弄得孩子不堪重负。这种不遵循儿童的心理和生理发展规律，盲目给孩子增加学习负担，无异于拔苗助长，其结果是欲速而不达。

家长在家庭教育中常存在以下十种错误认识：

(1)“只要身边有人照着就好。”很多父母以为孩子只要身边有人照看，没有危险就好。

(2) 把别人的孩子当做比较的对象。许多父母爱面子，又想鼓励孩子上进，于是常常说，你看人家孩子多用功，成绩多好。一味地把自己孩子和别人的孩子比，只能给自己带来不满和痛苦，又伤害孩子的自尊心。

(3) 不尊重孩子的隐私和权利。很多父母抱着传统观念，认为子女是属于父母的，不尊重孩子的隐私和权利。于是，不被尊重的孩子长大以后也就不知道如何尊重别人。

(4) 给孩子指定发展方向。很多父母把自己没能实现的愿望寄托在孩子身上，一直逼孩子往自己设定的路上走，即使孩子并不适合，也不喜欢。比如学钢琴、出国，等等。

(5) 只要学习成绩好就会有好前程。许多家庭没有认识到孩子在学校的成绩并不代表一切，全面的能力、活力、毅力、性格，才是影响孩子前程的重要因素。

(6) 早起很好，晚起就是懒惰。许多家长不明白，成长中的孩子需要充分的睡眠，但现在很多孩子每天睡眠不足 8 小时。睡眠不足会影响发育，脑力会减退。

(7) 孩子应该把全部时间拿来学习。有调查显示，常做家务事的孩子将来生活比较幸福。许多父母为了让孩子学习，不让孩子做家务，也就剥夺了他学习、分担责任和面对问题的机会。

(8) 缺乏幽默感和轻松的一面。因为各种压力，家庭的基本气氛就是逼孩子学习。家庭失去了幽默感，没有了轻松环境。

(9) 把父母的爱作为对子女提出任何要求的借口。很多父母常对子女说的一句话就是："我们这样做，也是因为爱你，为你好啊。"父母不应该把爱当做对孩子提出不合理要求的挡箭牌。

(10) 养孩子是艰苦的义务，不是享受。许多父母习惯把养育儿女当成艰苦的义务。比较正确的态度是，养孩子是一种命运赐予的享受。应该享受和子女相处的时光，享受看着他们成长的乐趣。

第五节　家庭教育中的八种不健康方式

1. 唠叨式

很多孩子说，一听爸爸妈妈唠叨就烦。请你们想一想，夫妻之间老唠叨你还烦呢。做丈夫的唠叨妻子烦，做妻子的唠叨丈夫烦。唠叨是愚蠢的家教方式之一。望家长们下决心丢掉，不要对孩子唠叨。

2. 数落式

唠叨的同时就是数落。孩子在家里总是不停地被数落：你怎么不用功啊？你怎么不做作业啊？你怎么只知道玩啊？数落比唠叨更恶劣了一点，因为数落常常有谴责性质。这种错误的教育方式会破坏孩子的学习状态，扼杀孩子的积极性。

3. 训斥式

动不动就教训孩子，这也不好，那也不对。

4. 打骂式

打骂式的家长数量虽然不多，但此方式对孩子的影响很不好，一定得改变这种简单、粗暴的教育方式。

5. 达标式

规定孩子考试的平均成绩必须达到多少分，名次要进入前几名，上哪个重点中学，考哪所名牌大学。这叫达标式。

达标式也是伤害孩子积极性的家教方式。一个积极上进的孩子会为自己制定目标的，家长将脱离孩子的实际的高目标强加在孩子身上，会加重孩子的精神负担。很多孩子考试前情绪非常紧张，为什么？因为压力太大。如果考试前不对孩子施加压力，告诉孩子只要考出真实的成绩就行，结果孩子可能会考得更好。面对好成绩，孩子自己倒可能还不满意，觉得某几处丢分太多，愿意继续努力，家长反而要安慰孩子，这才是好状态。

6. 包办陪读式

孩子的学习不能都替他操心到，没完没了地辅导，一天到晚陪着孩子学习反而会影响孩子的学习情绪。

7. 催促式

不断催促孩子：你该做作业了，你该复习了。很多孩子说，我本来准备做作业了，父母一催我反而不想学了。

请家长们体会，本来你想干点事，如想收拾一下屋子，想擦擦地，你爱人提醒你，你收拾收拾屋子吧，快擦擦地吧。你可能就不愿意干了。你本来主动要做的事情，本来还想得到别人欣赏的事情，别人一催，你反而不想做了。是啊，在别人催促下干，还有什么意思啊？

8. 脸色式

父母面孔的表情对孩子有很大的影响。请大家回忆一下你小时候父母对你的态度，父母要是对你不理解一下，呵斥你一下；父母苦愁的脸色，或父母高兴的脸色，对你有很大影响啊！孩子回到家里，面对的是父母一张数落的脸，一张唠叨的脸，一张训斥的脸，一张打骂的脸，一张愁眉苦脸的脸，一张催促的脸，就会从根本上让孩子失去学习的乐趣，父母的这张脸有时候决定了一切。

第六节　家庭教育中的八种错误倾向

每个家长都希望自己的孩子能健康成长，能成大器，而每个孩子都具有潜在的天赋，天赋的才能若能正常展现即可称之为天才，这需要家长和社会对孩子进行正确科学的培养和潜能的开发。

但是，许多家长“望子成龙、望女成凤”的心情太迫切，虽然为孩子的成长倾注了全部心血，结果却不遂所愿，孩子变得孤僻、任性、厌学、逃学甚至轻生等。这无疑与家庭教育不当有很大关系，现就家庭教育中存在的八种错误倾向简述如下：

1. 放任自流

这种类型多见于父母离异、孩子无所依靠、无人管养的家庭，也有的家长由于受传统思想的影响，本着“是树就成材，是草就烧柴”的信念，对孩子的发展无所要求，让孩子无拘束地自由发展。这样虽可培养孩子独立的心态和开朗的性格，但由于孩子缺乏自制力和是非判断力，很容易误入歧途。

2. 溺爱娇纵

现在独生子女较多，父母双亲，特别是爷爷、奶奶、外公、外婆把孩子当成掌上明珠，百依百顺，无形中给予孩子许多袒护，施于的爱偏多，甚至溺爱，孩子变得娇生惯养、性格放纵。有爱的孩子聪颖、善良、合群，但过分的溺爱娇纵则可能让孩子变得骄横、自我、孤立。

3. 管束严苛

家教好的孩子有礼貌、遵守纪律，有向上的精神，但过分的严格管束，无异于把孩子当成笼中的小鸟、绳索下的宠物，这束缚了孩子自由翱翔的翅膀，让孩子变得拘谨、胆怯、缺乏创新意识和独立思考能力。

4. 滥施惩戒

孩子犯错是难免的，作为家长要允许孩子犯错，并帮助孩子改正错误。让犯了错的孩子接受惩罚，有助于他认识到错误的严重性并加以改正，但不适当的惩罚或棍棒教育会让孩子因恐惧变得习惯撒谎，甚至对家庭产生厌恶、憎恨的情绪，出现顶撞、离家出走，甚至轻生的现象。

如某校初二有位学生，其父对其要求苛刻，一有错误或成绩不好就拳脚相加、罚跪，致使孩子性格叛逆。他利用收班费之机，带钱外出，身处异乡被贩毒之徒利用，经过 20 多天的挣扎，最后从下水道中爬了出来。其父说：“这是我教育不当所致，我又重新得了个儿子，要求成才，先求成人。”

5. 强制学习

有些家长，按照自己的意愿，主观地为孩子挑选认为对孩子有用的东西，给孩子购买了各种学习资料、试卷，在家一天一练，一周一考；利用星期天和假期请家教、进奥赛班，学这学那，忽略了孩子的兴趣取向，抑制了孩子爱玩的天性，使其大脑神经系统早衰。由于失去自我支配空间而出现逆反心理、厌倦学习、厌倦父母，这无异于拔苗助长。

6. 相互攀比

总是拿自己孩子的不足之处同别的孩子的优点相比，虽然能使孩子感觉到同别人的差距，但也会使孩子对自己失去信心，破罐子破摔，一蹶不振。

7. 缺乏交流

成长中的孩子心智脆弱，特别需要别人的爱、关心和注意。在日常生活中，家长或者因为太忙，或者因为没有引起重视而忽视了孩子的需求，忽视了与孩子的情感交流。认为只要让孩子吃饱穿暖就行了，很少与孩子一起进餐，一起聊天。孩子体会不到父母对他的关心、爱护和理解，得不到父母对生活和学习的正确指导，造成父母同孩子之间的隔阂的增厚。

8. 奖励不当

适当的奖励可以帮助孩子分清是非、明辨对错，但不恰当的奖励不仅不会对孩子的学习和成长有帮助，反而会使孩子失去正确目标而一味追逐物质鼓励。如，在学生学习进步或获得荣誉时，有的家长会给大量的钱币为奖励，缺乏正确的鼓励和引导，使孩子在短期内挥霍，浪费或迷恋网吧、游戏厅等，形成坏习惯，造成坏影响，严重损害了孩子的身心健康。

第七节　不良家庭教育方法的种种表现

许多时候，孩子的问题并不是孩子自己造成的，我们经常看到由于一些家长教育方法不当，人为地给孩子的教育造成困难和问题。具体现象如下：

——不做早餐而给零用钱，给孩子太多零用钱，导致孩子养成乱花钱的习惯。孩子养成买零食吃的习惯，其卫生安全也得不到保证。

——孩子进校读书就是老师管了，家庭教育不与学校教育配合。

——对孩子的作息时间不了解，不重视孩子放学回家的安全问题。

——不注意给孩子一个安静的学习环境，影响孩子学习效率。

——不主动与老师沟通，认为只要老师不打电话投诉不家访就说明孩子没有问题。

——在孩子面前讲老师的缺点与弱点，导致老师威信的丧失。

——孩子出现安全事故总是寻找他人的错，找赔偿，让孩子学会怎样推卸责任。

——不了解孩子平时跟谁玩，结果让孩子跟别人学坏了。

——只是检查作业是否完成，而不去试探性地了解孩子是否真正会做。

——以为有母亲管教孩子就可以，而不知父母要共同教育、管理孩子。

——以为作业做完就可以看电视，把电视当保姆，对看什么电视、看多久电视没有约束。

——孩子上网得不到控制，等到孩子深受其害时，后悔不已。

——总是觉得自己的孩子不如别人，对子女期望过高。

——不懂得鼓励孩子，总是喜欢批评与责骂。

——有重男轻女的思想，导致男孩娇宠，女孩自卑。

——当孩子出现学习困难时，只以为找家教是最好的方法，不会从学校教育和自己的家庭教育中找原因。

——过分看重考试成绩，忽视对孩子各方面能力的培养。

——习惯在孩子面前倚老卖老，一切都是大人说了算，缺乏亲情交流。

——喜欢带孩子到商场去，导致孩子的物质欲望强烈。

——课外阅读得不到重视，以为学好课本就行了。

——不注重孩子爱好的培养，孩子没有一技之长和爱好。

——孩子锻炼不够，体质变弱。

——习惯于家务由大人包揽，以为做家务有碍学习。

——一些父母认为“不打不成才”，常用粗暴的态度对待孩子，从而带来许多不良后果。

——以为孩子小不懂事，放任孩子行为，等坏品质养成后再去扭转就难了。

——不注重家长个人素质的提高，以为家庭教育谁都能做好。

——过分溺爱，总是觉得孩子学习很辛苦很累，想方设法去弥补。

——以为孩子老实、听话就是好，却忽略了孩子的愿望和要求，忽视了他们的意愿和感受。

——从来不认为自己有错，无论何时何地。

——以为自己养育了孩子就有资格主宰孩子的未来，不懂得宽容与民主也是教育。

——随波逐流，别人学什么好，自己的孩子也跟着学什么，无主见。

——孩子总是重复犯错，家长不善于引导孩子总结教训。

——重视教育而不重视教育的结果如何。

——一味地把孩子关在屋里学习，不重视他们生活方面的品质养成。时间久了，孩子在生活上的种种不良习惯，会变成性格的一部分。

第八节　家庭教育中应当注意的问题

——孩子不是家长的私有产品，家长没有权力对孩子进行违背规律的改造。

——孩子不是家长证明自己身份的商品，家长没有资格把孩子当做向人炫耀的物品。

——爱孩子不只是为他提出怎样的目标与要求，更不是用未来竞争的残酷使他感受恐惧和焦虑。

——爱孩子就不要拿他和别的孩子去比较。别的孩子之所以好，是因为他有一个与众不同的父母。

——在指责孩子的时候，应先问自己：我做了什么？

——既然爱孩子，为什么不给他最大的自由发展空间，让他选择自己的生活？

——不要因自己的心情好坏而影响对孩子的态度。

——不要总以自己的思维方式判断现在的世界，要知道世界在变，孩子才是引领未来的主角。

第九节　今天的孩子不快乐

在同孩子的交谈中，许多孩子问：究竟为什么要学习？如果为了上大学，上大学出来又怎么样？我一点也不快乐。我觉得现在的孩子有如下缺失：

1. 童年快乐缺失

我们的专家去国外感受最深，他们跟国外的孩子照相，孩子搂着他们的脖子，满脸灿烂的微笑。而和中国孩子照相，要有人喊“茄子”他们才会笑。今天孩子不快乐，明天怎么为社会作贡献？

2. 精神文化的缺失

现在的孩子只会做题，不会做人，从来没有人在其他方面给他们更多的关注。大家只闷头做题为了考试，其他的完全忽视了，这是一个很大的困惑。

3. 亲情沟通的缺失

今天的爸爸妈妈同孩子几乎没有别的沟通。问孩子们，你们爸爸妈妈教育的格言是什么？他们说就是“考多少分”。问他们教育的忠告是什么？他们说就是“考不好我揍你。”

4. 成就感的缺失

孩子为什么厌学，为什么离家出走？因为他们没有成就感，因为父母的期望值越来越高。山外有山，孩子认为自己总是不如别人。

过高的期望带来孩子的无望，过度的保护带来孩子的无能，过分的溺爱带来孩子的无情，过分的指责带来孩子的无奈。怎么去解决，我们认为：成长比成绩重要，经历比名次重要，付出比给予重要，对话比对抗重要，激励比指责重要。

案例：440个正字背后的家教误区

面对妈妈无休止的唠叨和爸爸拳脚相加，15岁的乐乐选择了沉默，他能做的，就是将父母的唠叨和拳脚的次数一笔一笔用写“正”字的办法记录下来。一年过去了，他的小本子上密密麻麻地记下了440个“正”字。

在孙先生看来，儿子乐乐从小学到初中的变化让人难以接受。上小学时乐乐聪明、懂事，还经常考双百。乐乐小学毕业后，孙先生为他选择了一所重点中学。孙先生以为，以后只要继续满足孩子生活上的需要就可以高枕无忧了，没想到此后的麻烦接连不断。不听讲、违反纪律、和同学打架，老师经常为这些事给家长打电话。随后，孙先生发现儿子的问题越来越多：不写作业，撒谎，喜欢打电子游戏，还经常拿家里的钱。

急性子的孙先生每当发现孩子犯了错，就用皮带狠狠地抽。与丈夫相反，母亲田女士则温柔得多，她会时刻提醒孩子该怎么做。孩子写字不工整她会说，孩子乱放东西她会说，孩子要是不专心学习，她更是把“你成绩不好我们多丢人”这样的话整天挂在嘴边。

乐乐父母的做法似乎是有效的，乐乐变得寡言少语。然而这种变化却没有带来学习成绩的提高，中考时乐乐的成绩比分数线低了几十分，没有考上高中。

孩子没考上高中，孙先生和田女士觉得“天都塌下来了”。他们不明白为什么这么多年一直给孩子创造最好的生活和学习条件，花费如此多心血，他还是这么不争气？一次偶然的机会，孙先生听说西安市教育学会会长许建国义务为“问题家庭”做咨询。当许建国见到乐乐时，他没有想到，这个身高一米八的男孩子进家门时喊了声“伯伯”外，几个小时一句话都没有说。当许建国再次见到乐乐时，他让乐乐评价一下自己的父母。乐乐想了很久，只说了一句话：“爸妈对我很好，很关心我也很爱我，但是我妈太唠叨，我爸爱打我。”说完后，乐乐哭了。

乐乐第三次见许建国时，带来了一个小本子。本子最后的几页里，密密麻麻写满了“正”字。乐乐说，从上初三开始，妈妈每唠叨一次，他记下一笔，爸爸每打一次，他也记下一笔，一年下来，他记了整整440个“正”字。这就是说，一年中乐乐受到的打骂和唠叨有2 200次，平均每天6次。

孙先生第一次在孩子面前掉了泪，说：“这些‘正’字像用小刀刻在我的心里一样。”

乐乐父母有很大触动。孙先生说，他以前一看到孩子玩电子游戏，先是拔了电源，接着一个巴掌向儿子扇过去。或者干脆把电脑主机锁在车里。现在每次都是跟孩子商量打游戏的时间，如果时间到了，孩子还在玩，他只要提个醒，孩子在几分钟之内就会关掉电脑。这么做使乐乐发生了变化，改掉了自己身上的坏习惯，改掉了大部分的缺点，经过一年的努力，通过补习考上了重点高中。

第二章　不同类型家庭的教育

第一节　独生子女的家庭教育

随着国家计划生育工作的顺利开展，教育对象基本上以独生子女为主。研究独生子女的教育，关注独生子女的成长，已经成为每个家庭、每个教育工作者必须认真思考的问题。

1. 独生子女的优势

(1) 独生子女一般有舒适的成长环境，他们有温暖的家庭，备受父母长辈的关爱；他们有优越的成长条件，有现代化的学校、教育设备，好的教材，好的教师。

(2) 智力开发早，兴趣爱好广泛，特长发展较好，生理发育较快，总体来说，身体素质普遍高于非独生子女，在智力发展、聪明程度等方面也优于非独生子女。

(3) 独生子女的父母受教育程度一般较高，文化修养积淀厚，品位较高，对子女有良好的家庭影响。

(4) 良好的遗传，使他们先天充足。

(5) 家长因子女少而各方面负担较轻，有较多的时间和精力投入，有宽裕的经济供子女消费，使独生子女在家庭中备受关怀。

(6) 家长的精心哺育，社会各界的普遍重视，老师们的辛勤培育，使他们无忧无虑，幸福快乐地成长，后天获得了良好的教育培养。

2. 独生子女的劣势

(1) 许多独生子女由于享受了过多的家庭关怀，较少经历困难和挫折，其非智力因素方面，如情绪稳定性、生活独立性、社会责任感等明显存在不足。

(2) 总体来说，独生子女在智力上虽然占有一定优势，并不意味着独生子女具有更多的成功机会。相反，独生子女非智力因素的薄弱，极大地影响了他们的积极性和创造力的发挥，甚至影响着他们的发展。

(3) 许多独生子女的心理发展不平衡，他们在家庭被视为“小皇帝”，其“个体本位”思想和“独尊倾向”相当明显。从小养成了强烈的自我中心意识，做事自信、大胆，甚至霸道，总希望别人顺从自己、照顾自己，不懂得也意识不到为他人着想，任性自私，责任感缺乏，协作性差，有比较严重的心理障碍。

(4) 由于家长过分的关怀备至，大小事都为之操劳，使许多独生子女独立生活能力差，具有很强的依赖性，不爱动手做事，做事也往往耐心不够，遇到困难便想求助他人或转移逃避，甚至有时敷衍了事，难以有恒心地负责任地做好应该做的事。家庭生活的顺境和关爱往往导致了独生子女在实践能力和独立生活能力等方面存在明显不足。

(5) 独生子女往往承受着父母的过高期望值和激烈的社会竞争的双重压力。一方面由于家庭只有一个子女，父母在给孩子更多关照的同时，对子女的未来又寄予了更高的期望值。同时父母对于子女发展的关注和攀比，更为明显和突出，使独生子女在享受优裕生活的同时，又面临着沉重的压力。另一方面，当今中国的独生子女正好处于我国社会经济体制发生重大变革的年代，竞争已经涉及社会生活的各个方面，就业压力，发展问题，以及高学历发展趋势，都影响着他们的未来发展和前途，使他们更深地感受到生存的危机，优胜劣汰的法则使他们生活并不轻松。随着年龄的增长，他们对升学、就业、发展等问题，对自己今后所学能否顺利地适应社会生活信心不足，感受到压力很大，忧虑程度更高，遇事更易焦虑和担忧，甚至沮丧和悲观，自暴自弃。

(6) 独生子女在其成长过程中，存在着许多困惑和矛盾。其日常养成的依附性使他们不愿吃苦耐劳、脚踏实地去实现自己的目标；他们有强烈的自我中心意识，但其依赖心理又导致他们强烈的合群意识和交往需要，以求得同学朋友的帮助、心理安慰和感情寄托；他们对未来充满自信，但又因生活自理能力差而非常自卑；他们严厉批判社会丑恶现象，但同时又知行分离，自我约束松弛。

以上种种，使许多独生子女在表面上看来轻松优越，但实际上内心却复杂彷徨，困惑忧虑，在思想及行为上表现了极大的矛盾性。

3. 独生子女的家庭教育

(1) 做父母的必须努力提高自身素质。父母的素质与孩子的素质密切相关，父母的品质会自觉不自觉地影响子女。父母的优点会给子女产生正面的影响，正直的家长其自身的人格力量影响着孩子，能使孩子的学习动机比较明确，学习劲头很足。现代名作家老舍自幼丧父，与母亲相依为命，他爱花草、爱整洁、讲礼貌、守纪律等好习惯都是从母亲那里学到的；他热情、好客、真挚、诚恳、不屈不挠的性格，也是母亲传给他的。老舍在纪念母亲的时候，深情地写道："从私塾到小学，到中学，我经历过起码有百位老师吧，其中有给我很大影响的，也有毫无影响的，但是我真正的老师，把性格传给我的，是我的母亲，母亲并不识字，她给我的是'生命的教育'"。父母对孩子长期的潜移默化的影响和熏陶，这就是"生命的教育"。

同样，父母身上的缺点和不良习惯也很容易传给后代。父母自私自利、不诚实、爱贪小便宜、性情暴躁、做事拖拉等，孩子也会沾染上恶习。鲁讯曾说过："父母许多精神上、体质上的缺点，也可以传之子孙，便是子孙夭亡的伏线，生命的危机，而且，久而久之连社会都蒙受着影响。"父母对孩子长时期的消极影响，不仅耽误了自己的后代，甚至还会妨害社会，这是每个父母都不能掉以轻心的。

所以，父母应努力提高自身的素质，加强自身的思想和道德修养，不断提高思想道德素质。父母一次行动上的示范，往往胜过上百次空泛的说教，正所谓"身教重于言教"。父母只有言行一致，以身作则，才能收到预期的教育效果。

(2) 家庭教育应重视全面发展。家庭教育必须改变只重视智力开发、身体发育，而忽视情感、心理、习惯培养的局面，重视智力因素和非智力因素的培养同步进行，身体和心理均健康成长，不过分看重分数、名次，不额外增加子女的课业负担和精神压力。用正确、科学的观点教育独生子女，既不百般溺爱，也不过分粗暴，宽严得当，晓之以理，动之以情。

(3) 要允许孩子出现小错。孩子总是有优点也有缺点的，也总是容易出错的，我们的一些家长不要总是瞪大眼睛盯着孩子的缺点。专家们一再提醒我们要"多看孩子的优点"，"要以表扬为主"，"好孩子是夸出来的"，可我们有些家长就是改变不了爱批评孩子的习惯，他们认为，好孩子，就是没有缺点的孩子。因此，孩子挨批评是家常便饭，是正常的，受表扬则是偶尔"会会餐"。

然而促进孩子发展的，不是批评而是鼓励。不停地指责批评并不一定能使孩子改掉错误，相反可能造成孩子的反感，使孩子产生逆反心理。所以，以挑错为重点的教育其实是非创造性教育，是庸人教育。挑错教育的心理基础是恐惧，是害怕孩子学坏，是一种消极的防守，是没出息的教育观念。

成功的教育经验告诉我们，发展孩子的优势是克服他们缺点的最佳办法。至于孩子有些小缺点，属于正常现象，许多伟人和有成就的人，不是没有缺点而是他们最大限度地发展了自身的优点。如果他们从小就被批评包围，一直小心翼翼地做“乖孩子”，他们的长处就可能被埋没，也可能成不了有作为的人。

(4) 对子女的期望值不能太高。家长有权望子成龙，却无权也无法逼子成龙。愿意不愿意成龙，能不能成龙，这是孩子自己的事。孩子是一个独立的人，怎样生活主要应该由他们自己选择。

由于历史的原因，许多独生子女的家长在其自身成长过程中，都有一些坎坷的经历，在学业、前途、生活、工作等方面都不尽如人意。因此，他们把自己的高希望、高目标，自己的全身心都倾注在子女身上。许多家长恨不得从孩子降生时起就开始教他识字、写文章；孩子一上幼儿园，就带着孩子参加各种特长班；上学以后，更是每日伴读，逼孩子写作业，课余和双休日则送孩子去各种补习班。望子成龙，期望值过高是家长们解不开的情结和普遍的心态。我们应创造各种条件，帮助孩子发展自己，而不是强迫，孩子在比较宽松的环境下成龙的可能性要大一些。没有自主性，孩子是成不了龙的，龙在铁管子里直上直下地能腾飞吗？

(5) 与孩子交朋友，做子女的贴心人。父母与子女的血缘关系决定了家长是孩子最亲近的人，但并不说明父母一定是孩子最贴心、最密切的人。要想与孩子保持“亲密”的关系，父母就要与孩子交朋友，就要放下家长的架子，与孩子平等相处，要求孩子做到的自己首先做到。要尊重孩子，包括尊重他的情感、意愿、选择甚至隐私。只有这样，孩子才会喜欢你、信任你，把你当做知心朋友，和你交流思想，才听得进去你的话，并与你产生共鸣。也只有这样，你才能了解孩子的内心世界，从而真正了解自己的孩子，有效地实施家庭教育。

(6) 倡导民主理解式的家庭教育。对待子女的教育，既不能过分保护，一切都包办代替，应当让孩子自己做一些力所能及的事，以避免孩子过分依赖家长，事事都需要别人指点与帮助，缺乏生活自理能力和独立思考能力；也不要过分地干涉指责子女，这样不行，那样也不可以，令孩子无所适从，限制了孩子的言行，使得孩子变得小心谨慎，缺乏独立思考能力。家长为孩子过分定调调，画框框，使孩子言行符合父母的意愿，限制了孩子个性的健康发展，使孩子缺乏批评精神和创新意识；更不能对孩子态度生硬，言语粗鲁，甚至挖苦、打骂孩子，损伤孩子的自尊心，造成孩子性格压抑，心理自卑，胆小怕事，缺乏自信，或者也变得像父母一样性情暴躁，谎话连篇。

对孩子的教育，应倡导民主、理解。在学习上要求孩子尽力而为，有多大能力使多大劲，不增加孩子过重的精神负担，尤其在升学考试前更应设法给孩子减压。“只要努了力，考什么学校都行”，其结果，孩子没有心理压力，轻装上阵，反而能发挥正常水平，考出好成绩。同时，家长要尽力为子女提供良好的学习环境，要经常反省、检查自己的教育方式，弥补不足，提高自己的家教水平，并根据自己孩子的特点和实际情况，对症下药，及时解决孩子的教育问题。

(7) 要加强自身的文化知识修养，不断提高文化知识素质。子女在发育成长时期对周围的各种事物和现象都感到新鲜，家长对孩子数不清的“为什么”要及时热情地给予回答，并因势利导，启发他们的智力，使孩子在启蒙阶段就能获得正确有益的知识，并引导孩子产生浓厚的求知欲，为今后进一步学习打下基础。随着年龄的增长，孩子在学习中常常会遇到不懂的问题，父母也要不断加强文化知识修养，提高自身的文化素质，力求准确回答孩子提出的问题。

(8) 注意培养孩子健康的兴趣爱好。当今社会，一些家长认为孩子只要读好书就行，其他兴趣爱好有没有无所谓。认为“兴趣爱好”会分散孩子的精力，影响对课业的学习，影响孩子的成绩。这些偏颇的想法使得孩子只会死读书，抑制了子女全面素质的发展和提高。另有一些家长不顾孩子的实际特点，不管孩子有没有美术、音乐的特长，非要孩子学钢琴、拉二胡、吹笛子、参加美术小组、学画画、学唱歌、学跳舞；甚至家长帮孩子背乐器、画板，搞得家长自己精疲力竭，搞得孩子应接不暇。这些脱离孩子自身条件的做法无异于缘木求鱼。马克思在论述主体方面的艺术鉴赏时有句名言："对于没有音乐感的耳朵说来，最美的音乐也毫无意义。"同理，人的成长亦如此，也必须具备自身的条件。因此，做父母的应根据自己孩子的特长、兴趣爱好，适当地引导孩子在完成老师布置的作业的同时，搞一些培养各方面兴趣爱好的活动，如下棋、打羽毛球、拉二胡、练琴、画画、唱歌，等等。这样既增长了孩子的知识，又丰富了孩子的生活，陶冶了孩子的情操，也为孩子不断发展自己健康的兴趣爱好，促进孩子全面发展，为未来的事业成功打下坚实的基础。

(9) 要重视培养子女的独立性和自主意识。虽然独生子女的成长一般都具有非常优裕的环境和条件，但他们要成才还必须依靠自身学习的主动性、积极性才能取得效果，而发挥其主动性的前提则是培养他们的独立性。培养他们独立思考、判断、选择、分析、解决问题的能力，这对他们未来的发展是至关重要的。因此，要引导独生子女适应新环境，放手让他们做力所能及的事，千万不能一切包办代替；要允许孩子出错，宽容孩子的过失。要与他们一道，总结经验教训，树立只要付出努力，就能获得成功的自信心。要创造机会培养他们自己做主的能力，独立思考的能力，克服困难的勇气和毅力。

(10) 要重视培养子女良好的心理品质。要培养子女坚忍不拔，经受挫折的忍耐力，使他们能够经受住失败和成功的考验，能充分认识到在通向成功的道路上不是鲜花满坡，而是荆棘遍地，随时可能遭受挫折与厄运，成功与失败并存。形成良好的心理素质，勇于战胜困难，产生奋发向上的动力，去战胜学习或其他方面的困难与挫折。培养他们的自觉性、自主性、独立性、坚韧性和自信心等，使孩子的心理趋于平衡状态。

4. 提倡科学的独生子女教育方法

独生子女的教育问题已经受到社会的普遍关注，家长需要不断地学习，更新观念。美国莫瑞·卡布尔门曾为人们提供了一些教育独生子女的方法。这些方法归纳如下：

(1) 有选择、有重点地为孩子提供他所需要的东西。“提供一切”不是不能做到的，但父母千万不能这样做。

(2) 父母的美好祝愿、希望和理想，往往集中在独生子女的身上，然而，为孩子制定的努力目标，应当建立在实事求是地分析孩子的能力、才干和兴趣的基础上。目标和期望过高，只能使其丧失能力，并落个怨天尤人、自卑自怜的结局。

(3) 不要总把独生子女当“婴儿”看待，否则将有碍孩子独立性的发展，甚至使孩子进而成为害怕外界环境、感情不健全的人。要创造一个适合孩子的环境，消除成年人对孩子的过分影响，要允许孩子以自己的速度成熟。

(4) 要努力培养孩子独特的个性，不要依赖孩子去获得感情上的营养和友谊；不要认为若没有孩子，自己就会缺少什么。

(5) 独生子女只有具备了当机立断、不怕挫折的能力，才会有韧性，而这种性格是应付变化多端的社会生活所必需的。因此，家长要悉心地培养其自我决策的能力，不要不待孩子自己思考，就急于替他提供生活中的各种答案，更不能包办代替孩子作出各种决定。

(6) 街坊四邻的孩子，是独生子女再好不过的伙伴。父母应该给孩子创造机会参加周围同龄伙伴的集体活动，父母绝不能插手干预孩子在活动中与伙伴建立的关系。

(7) 父母要客观地看待孩子的优点和缺点，承认他们的成功，而且也要承认他们的失败；过度的表扬，只能降低真诚赞扬的价值，不切实际的批评，则会削弱以后批评的效果。

(8) 父母必须安排一些不包括孩子在内的完全由他们自己分享的特殊活动，这些活动要与以孩子为主的各种活动平衡起来。如果父母的全部时间都集中在孩子身上，那么，家庭支撑的结构——婚姻生活——就会被削弱而遭受痛苦。

(9) 在教育孩子的过程中，必须要有恰当的方法。那种认为对孩子严厉管教，会使孩子反过来对付自己的想法是有害的。事实上，不怕因管教而失去孩子的爱的父母，反倒能赢得孩子的爱。

(10) 独生子女的父母，往往会因讨得孩子的欢心而不知不觉地展开竞争。父母之间一定要避免这种竞争，否则处于这种环境的孩子，将会以操纵大人的方法来控制父母及其他长辈。

(11) 强调和鼓励孩子的创造性时，千万不可过头，否则孩子反而会变得迟钝起来。父母应当牢记，孩子对某些事物的选择，是根据自己的能力和对事物固有的了解而定的，只有孩子本人，才更了解自己的能力和极限。

(12) 独生子女对于夸奖有一种特别强烈的需求。然而随着孩子年龄的增长，则应减少表面的表扬，而应多重视让其在精神上获得快慰与满足。

(13) 不要盲目提出孩子体格的标准要求，也不应在孩子稍有不适时就表现出惊慌与恐惧，过分担心其健康或强调其身体的完美无缺，会导致产生疑病症或成为神经过敏的人。

(14) 父母应十分警惕孩子产生控制别人的思想情绪。否则，孩子很可能将控制欲望明目张胆地强加给伙伴或周围的成年人，结果只能遭到别人的排斥和反对。

第二节　溺爱型家庭的教育

1. 节制母爱

两千多年前，触龙针对赵太后溺爱儿子长安君不肯让儿子做人质求救兵时，用巧妙的方法说服赵太后，提出“父母之爱子，则为之计深远”，至今还发人深省。诸葛亮不能说不爱子，他写出著名的《诫子书》。毛泽东对他与杨开慧所生的儿子毛岸英不能说不爱，毛岸英从莫斯科大学毕业回来，毛泽东却把他送到延安地区劳动模范身边学种田，送到工厂去做工，送到朝鲜去打仗。

我国著名儿童文学家严文井说过：“我的母亲和别人的母亲一样，也有对子女的‘母爱’，但我的母亲给我的母爱是有节制的，她主张我早日离家独立。现在我认为，这就是她关心我的一种表现。她的决定是明智的，她的貌似坚硬的心并非不温柔。我们需要母爱，但不需要‘母鸡式’的母爱，我们需要明智的母爱，有节制的母爱。”

明智的母亲就是“为之计深远”。滥施其爱，看来是爱，实则是害。这种明智的、有节制的爱应注意以下几点：

(1) 不要把孩子看成家庭的“中心”。

诚然家庭内应讲民主，父母对子女要平等相待，不要压制，但是如果走到另一个极端，把子女放在父母之上，一切以子女为中心，那同样也是错误的。孩子是受教育者，受抚育者，未成年者，他们的成熟程度较低，阅历也很浅，围着他们转，只会把他们惯坏。老教育家刘绍禹说得好：“不要太关心儿童。”“太关心了，容易养成孩子相反的自我中心心理。结果变成自私自利的人。”过多的母爱，爱之失度，会使孩子丧失正确的自我评价。

(2) 要随着孩子的成长渐渐地淡化母爱。

教育科学认为，母爱的浓度应与孩子年岁成反比例。父母，也称为子女的保护人。父母对子女保护的淡化可以划出这样一条线索：完全保护—选择保护—微量保护—解除保护（自立）。从1~6岁的婴幼儿应处于父母的完全保护之下；7~14岁的儿童少年，可以实行选择保护，让他们自己穿衣、吃饭、学习洗衣实行简单的个人生活自理；15~18岁的青年，可以实行微量保护；18

岁以上的青年就要让他们从父母的保护下解脱出来，力求独立。当然这种划分有很大的相对性，究竟怎样，也要因人而异。在这一点上，还是严文井同志说得好："一个母亲如果能够及时地减少以至取消对自己子女的保护（更不用说袒护和代子女包办一切事），悄悄地注视着他们，而让他们动手去干一切他们自己能够学会干的事，以使他们早日锻炼出独立生存的能力，这实际上仍是出于母爱，一种由理智起平衡作用的现代的母爱。只有那些有知识有远见的母亲，才能给予这种母爱。"

2. 适度满足子女的需求

一位老一辈教育家在"教育儿童原则"中提出"不要贿赂儿童"的命题。他认为"父母有时为了避免儿童一时的搅扰，往往拿金钱给儿童，这不应该，等于奖励搅扰使儿童养成要挟的坏习惯"。这话是很深刻的。

现在有些家长对子女"百依百顺"。孩子有什么要求，都尽力满足，有时比孩子本来的愿望给得更多。这是一种危险的倾向。一切都顺顺当当，生活中没有曲折，没有困难，在这种环境中成长起来的孩子生命力是很脆弱的，将来踏上社会，就会步履维艰，有些甚至走上违法犯罪的道路。

对子女的要求，只能适度满足，不能无限地满足。

(1) 在满足需求的成分上，要合理配置。

要保证给孩子温饱的食物、衣服以及适当的玩具，对子女在爱抚、奖励、娱乐、学习等方面以及精神方面的需求，二者都得给予适度的满足，哪一方面都不能少。物质需求可以基本一点，而精神需求的满足则应高标准。特别是子女要购买学习用品、课外阅读书籍等时，父母应尽量满足，但不要一味追求高档、时髦。

(2) 在满足需求的水平上，也要适度。

一般地说，对孩子需求的满足要适合社会和家庭的实际水平，与自己家庭经济状况相适应。若自己家庭经济状况较差，而自己的子女却一味攀高、超前消费，超过家庭经济的承受能力，这是不能允许的。即使自己家庭经济条件好，是富翁，是大款，对子女消费也要适度约束。有一个私营企业主，是当地闻名的首富，他那读小学的独生孩子简朴得令人咂舌，衣着穿戴、零食花费均远不及工薪阶层人家的孩子，上学放学也是步行往返，这位大款父亲的"富门寒教"思想值得称道。让孩子少花些钱、多动手、多流汗，逐步增强自力更生的意识，是对孩子的真爱，是给孩子终生受用不尽的精神财富。

3. 以规矩成方圆

"不以规矩不能成方圆。"规矩对于成方圆来说，极为重要。国家有法律，学校有校规、校训、校风，班级有班风，一个家庭同样也要有良好的家规、家风。

我们的祖先就很重视家规教育。著名的如《朱伯庐先生治家格言》，从生活起居、为人处世等方面，通过正反两方面对比，教育子女勤劳、节俭、正直、谨慎。虽然从整体上说，它属于封建思想体系，但也有不少嘉言、名句，表达了中华民族的传统美德，至今仍可品味、借鉴，如"一粥一饭，当思来之不易；半丝半缕，恒念物力维艰"。爱国主义诗人陆游生逢乱世，但他一生都很重视对子女的教育。在他的诗中有20多篇是用来教育子女的。《放翁家训》的撰写前后历时几十年，凝聚了他一生的经验和感受，最可贵的是他提出：第一，教子勿贪，保持俭朴的本性；第二，对聪明孩子要严加管教，不可放任。

家规，就是用条规形式规定下来的家庭成员共同遵守的行为规范，它在家庭范围内对全家人的行为起约束、规范作用，也是父母对子女督促、检查、教育的依据。没有督促、检查，到头来只是一纸空文。

与家规有一定联系的是家风。家规付诸实施，并代代相传，就会形成家风。可以说，所谓家风，就是指家庭成员的道德风貌和相沿成习的家庭传统。家风正，万事兴。

在实际生活中，不少劳动人民之家似乎没有明文规定的家规和家风。其实不然，每一个健康而有朝气的家庭，作为行为道德规范的家规家风都是有的。只是有的形诸笔墨，见诸文字，有的只传乎口碑，贯穿于行动罢了。值得注意的是，家规在家庭成员中的切实推行，好的家风的渐次形成，关键还在于当父母者本身。父母自己要严于律己，严格按照家规有关条款去做，在家规家风上为子女做出榜样，那么，子女就会学父母的样子，做到“不令而行”了。

4. 不“以惰为教”

有关专家的调查数据表明：在我国，低年级儿童中有27%的不会洗脸，53%的不会穿衣服，30%的不会扫地，95%的不会整理书包。中年级学生中有55%的不会钉纽扣。这一组数据揭示了这样一个事实：仅就小学生而言，普遍存在着劳动观点差、依赖性强、缺乏独立生活能力的问题。究其原因，一方面，父母对子女过于溺爱，只重视物质上的关心、智力上的投资，而忽视了对他们进行劳动教育；另一方面，学校由于应试教育的影响，劳动教育比较薄弱，没有把它提到应有的高度。

劳动教育历来被中外教育家所提倡和重视。苏联教育家霍姆林斯基旗帜鲜明地提出：要把体育、美育和劳动教育作为全面发展教育的不可分割的组成部分。他认为，应让劳动进入学生的精神生活和集体生活，促进学生的全面发展。著名实业家、教育家张謇十分强调对学生进行劳动教育，认为应该教育学生要勤，不要惰，从身边的事做起，如“整洁教室内之尘垢，启闭教室之门窗，排列食堂之食器”等皆应让学生去做，培养他们的劳动观点，如果不这样，就是“以惰为教”。早在20世纪初，教育界就倡导勤工俭学，而时至今日，不少家长既不让子女“勤工”，又不让子女“俭学”。我们要从培养学生成为马克思所倡导的“全面发展的人”这个高度来认识劳动教育，让孩子做一些适合年龄特点的劳动，使孩子变得勤快起来，改变“衣来伸手，饭来张口”的懒惰习惯，增强自立、自理的能力。

对子女的溺爱，其初衷是出于伟大的母爱，但因其超过了一定的限度，往往事与愿违，适得其反，名曰爱之，实则害之。综观古今中外的教子经，只有“为之计深远”，在适当关心他们物质生活的同时，重视对其思想道德上的教育，从严要求，甚至“苦其心志，劳其筋骨，饿其体肤”，让子女经受一定的磨炼，才能使他们成长为新时代的合格接班人。

家庭是培育孩子的地方，但培育的目的是为了把孩子送到社会上去，家庭只是孩子人生的起点站。如果我们对子女过分地爱，把家庭营造成一个“温室”，那么孩子就会成为“温室”中的弱苗，经不起“室”外的风吹雨打。

当然，家庭的小气候可以比社会温暖一些，它应该是孩子的避风港。但“家庭温室”的温度不可高于学校和社会太多，否则孩子一离开家门就会感觉寒风凛冽，造成心理问题；“家庭温室”的温度要随着孩子的成长而下调，否则孩子永远长不大，适应能力也跟不上。古人提倡“淡饭粗茶”，虽是经验之谈，其中的道理谁都明白，但要真正落实到行动上，就需要足够的理智，“心太软”是不行的，这需要家长的自制力。作为家长，不能放纵对孩子的爱。

案例一：父母精心“培养”的差生

统计资料表明，中国有上千万学习困难的孩子，不争的事实是，这些孩子学习困难的原因并不是他们智力有问题。这一点不难理解，那些上了名牌大学的孩子，并不一定就比没上好大学的孩子聪明。是周围的环境，特别是家庭的环境和父母的教育方式，导致了他们学习困难。

1. 孩子学习成了全家的中心

“从孩子读小学一年级开始，他的学习就成了我们家庭一切的中心。比如说，他做作业的时候，我们就不看电视，免得电视的声音影响他，也免得他总是想着电视里有什么好看的节目。不仅如此，我们在家里说话都轻言细语，生怕让他分心。”

“还有，只要他做作业，我和他妈妈都要保证有一个人在旁边，督促他，或者解答他不懂的问题；到了他上初中，有些问题我们没办法帮他了，所以从他上初中二年级开始，就给他请了家教。家教老师是从很远的农村考出来的，家里很贫困，从小就要边做农活边学习，现在还需要靠做家教赚点学费和零花钱。所以请家教除了教他知识以外，还想让他有一个学习的榜样。”

“我们很早就对孩子进行学习的重要性的教育。对我们这样没有什么背景的家庭来说，只有学习好，考上大学，今后才有出路。考不上大学，找不到好的工作，吃饭可能都会成问题。这些道理给他讲了无数遍，他就是听不进去，成绩总是中下等。”龙先生说。

2. 心灵的噪音干扰了学习

所有这些问题，实际上都是父母好心办了坏事。或者说，父母不自觉地制造了一个跟他们自己的愿望相反的结果。事实上，有时过于紧张的学习环境和父母过于投入的教育方式会导致孩子学习困难。在孩子学习的时候，他还在想着学习以外的事情，这些噪音，比外界的噪音如电视的声音、说话的声音，“音量”都要大得多，危害当然也要大得多。比如以下几点，他是不可能不想的，想了也是不可能没有情绪波动的：

(1) 学习很重要、很重要——这是在想学习的重要性，而没有想学习本身。比如做某一道数学题的时候，花了大量时间想的是这道题做好了可以得多少分，而没有想或者没有心思去想这道题该怎么做。这样子能把题目做好吗？

(2) 父母为我的学习作出了很大的牺牲，不学好对不起他们——内疚的“噪音”。内疚是一种极其恶劣的情绪体验，可以导致极大的精神负担。背着如此巨大的包袱学习，跟轻装上阵相比，效果不可同日而语。

(3) 如果我学习不好，我就全完了，全完了，全完了——这是恐怖的“噪音”，没有人在这样的状况中还能够从事学习这样的智力活动。

(4) 别人都比我强——这是惊慌的“噪音”、自卑的“噪音”。一个人总是被这样暗示，就会精神涣散，斗志全无。更糟糕的是，这样的教育的后遗症还不仅仅会以成绩不好表现出来，而且还会通过人格上的软弱表现出来。

当然还有一点普遍的情况，就是他可能还惦记着学习以外的事情。小孩子哪有不爱玩的？就像成年人不能成天工作一样，孩子也不能成天就学习，至少学习不应该是孩子成长过程中唯一的内容。如果让他玩一玩，跟其他孩子多接触接触，可能对他的学习更有好处。

案例二：家长千万不能做“三陪”

每当新学期开始的时候，不少学生家长就反映一个相同的问题：孩子一日三餐都要大人陪吃，晚上做作业也要父母在一旁陪着，就连放学回到家，也吵着要家人陪同出去玩。很明显，这是典型的“三陪”家长——陪吃、陪玩、陪做作业。爱孩子应该讲究方式方法，否则会适得其反。

其一，“小皇帝”似的宠爱容易养成孩子过分的依赖心理，不利于其独立自主的生活能力的培养；

其二，不利于孩子良好学习习惯的养成，有的孩子白天上课开小差，不认真听讲，因为他知道反正晚上作业有爸爸妈妈在旁陪伴着指点；

其三，容易造成孩子心理脆弱，承受力差，有“三陪”家长做贴身“侍卫”，孩子根本没有机会碰上困难，何谈让其想办法去解决呢？长此以往，孩子一旦离开父母便会寸步难行。

所以，家长应自觉摆正在教育孩子问题上的位置，家长只是行使引导、监督的职责，是孩了健康成长过程中的一个配角。至于主角，还是孩子，家庭应注意培养孩子良好的学习、生活习惯，注重孩子耐挫力的培养，唯有这样，孩子才能真正做到健康成长。

第三节　成功人士的家庭教育

“富不过三代”，是中国民间的一种传言。“三代培养一个贵族”，是英国民间的一种传言。二者对比鲜明，但可引申出一个共同的问题，即探讨成功人士（也可扩大为强势群体）教育子女问题的意义匪浅。联合国的官员说：“人人享有受教育的权利。”在人们对弱势群体子女教育高度关注时，对成功人士女子教育进行探索也很有必要。如此，方能使整个社会更有活力，更加和谐。

所谓成功人士，是指由于多种因素而占有较多的经济、政治和社会资源，在社会上处于有利地位的个体。成功人士的共同特征是拥有的机会或占有的资源依赖于自身所掌握的丰富学识和精湛技艺，来自于自身敏锐的判断、科学的运作、顽强的拼搏和持之以恒的努力。这个群体大致包含政界一定级别的官员，金融界、商界和企业界的经理，艺术、体育、文化界的明星，学术界的带头人，各行各业的大师、专家、业务骨干和能工巧匠，以及致力于创造发明并善于转化为成果的科技人才等。

就中国目前而言，成功人士子女的分布状况可分为两类：

一是政界、学界或部分企业、艺体界的成功人士，由于行业的特征和身份的要求，其子女多为独生，且部分是中年得子（女）；

二是部分企业和商界、艺体界等行业的成功人士，其子女往往为非独生，甚而也有重组家庭。

一般而论，绝大多数成功人士对其子女的教育有以下特征：

一是高度重视。由于自己的工作实践和事业追求，他们深知子女必须通过接受优质教育才能奠定坚实的做人、做事的基础，继承包括自己在内的前人创造的事业，因此对子女的教育高度重视。

二是高期望。他们要求自己的子女进入各类“名校”，接受优质的学前以及初等、中等和高等教育，并且期待孩子在各个学龄阶段均出类拔萃的愿望尤为强烈。

三是高投入。他们对子女的教育不惜花资金，找门子，托关系，甚而有的人在学校周围买房子，为孩子选择一所“名校”。他们或请家教、或夫妻中一方放弃所钟爱的职业，把全部心思和精力都用于子女的教育。

四是方式简单。由于认识上的偏差，加之工作的特殊性，他们倾其所能投入的主要是“权力”、“金钱”，而忽视和孩子心灵上的沟通和交流，缺乏对时间、精力、情感三要素的重要性的认识。

1. 成功人士教育子女的认识误区

(1) 以自己的目标去强求、锁定孩子。

有目标才有发展动力，这本无可厚非。但一般家庭做父母的，由于能力有限，往往不能为孩子提供优越的物质生活条件和学习条件，同时他们大多比较尊重孩子的选择。这样，反而给孩子创造了一个自立的宽松氛围。但成功人士将自己设计的过高目标不切实际地强加在子女身上，其结果往往事与愿违，适得其反。

按照教育规律，初中升高中的成绩已能比较综合、全面地反映出一个学生的学习能力或学习基础，部分反映出这个学生的学习态度和学习习惯等（非全部素质）。当学生本人已清醒地认识到这一点，并提出选择适合自己的学校时，有的家长往往不听其言，无视孩子的主体地位和独立人格，强行按照自己为孩子锁定的名校目标去运作。他们常常为自己有办法排除困难、能找门子而沾沾自喜，却不知自己的做法是不切合自己孩子的实际情况。

君不见，每年中考、高考成绩揭晓时，知名中学未上录取线的学生很多都是非正常录取的“钱学生”、“权学生”；君不见，各知名中学每年占学生总数约1%的严重心理障碍者或自暴自弃者，多为非正常录取的“钱学生”、“权学生”。

(2) 以自身成长的条件、环境去“启发”、要求孩子。

“忘记过去就意味着背叛”，这固然有一定的道理，但其对象有特定的指向性，主要针对“过去”的亲身经历者。有的成功人士往往张冠李戴，总喜欢滔滔不绝地向子女讲述自己当年学习条件是何等艰苦，学习态度是何等端正，学习成绩是何等优秀，并以此作为对比因子去指责孩子：现在的学习条件是何等的优越，你有吃有穿，玩得快乐，还有零花钱，也不做家务，怎么不知道珍惜？尤其是成绩怎么总是提不高呢？他们试图用自己以往的人格魅力来感染孩子，但其良好用心却往往得不到回报。对他们的“忠言”，孩子或沉默不语，或明显反感，拂袖而去。实际上，孩子对父辈的艰辛无任何亲身体验，哪来的感性认识？孩子现实所面对的升学就业竞争的严酷，以及主要由此而产生的过重学业负担，还有那五光十色的社会诱惑，当父母的同样在儿时没有亲身经历过，又怎能盲目对比呢？社会存在决定社会意识，这一哲学原理，我们不应忘记。

(3) 以自己成长的模式去要求孩子。

有一部分成功人士在其成长的过程中，虽然成绩不好，甚至没读多少书，但抓住了历史机遇，事业有成。于是他们便以此类推，认为孩子成绩好坏无所谓，“树大自然直”，听之任之，轻易放弃为人父母的神圣职责，跻身于“放任型”家庭族。现在孩子的成长环境远非“当年”。根据《中国少年报》知心姐姐卢勤的总结，孩子成长环境有“二大二小”：生活的空间越来越大，生长的空间越来越小；外面的压力越来越大，内在的动力越来越小。孩子家庭经济条件虽好，但忽略正常的学习，多半结局堪忧。

而有的成功人士，其成长过程一帆风顺，父母操心少，学习成绩优。于是他们误认为孩子的成长也可以“少投入，高产出”，用不着父辈过多地关心，不必投入多少精力，因而难得与孩子交流。而一旦孩子出现意外，他们便百思不得其解，或一味指责孩子，无休止地、无的放矢地唠叨；或将邻居、单位的“乖孩子”与自己的子女进行对比，越比自己越生气，越比孩子越沮丧；或干脆埋怨老师、学校教学水平不高，教育缺乏艺术，如此下去，学校教育和家庭教育完全不同步、不合拍，孩子的成长难免会受负面干扰。

(4) 以成人或成功人士的标准去要求孩子。

这是成功人士最易进入的误区。与孩子换位思考，即使对老师而言，都有一定难度，何况是家长？但这恰是对子女教育时必须注意的一个重要问题。

相对孩子而言，成人的思维速度快，思维有广度和深度。成功人士与孩子思维的差异往往更大一些。成功人士大多具有毅力坚强的个性特征，一旦目标锁定便会调动一切积极因素为之奋斗。但孩子毕竟年龄小、阅历浅，一般来说毅力比较差。这本是人生成长中的正常规律，但令人遗憾的是，在教育的过程中，很多成功人士忽略了这一现象、这一规律，不自觉地用成人的、成功人士的标准去苛求孩子，步入一个个误区。

如每年小学一年级招生报名时，都有一定数量的成功人士用自己的标准去评价学校教育。他们认为小学一年级教材太浅，他们的孩子数学和识字能力强，上小学肯定没有问题，于是他们动用“权利”和“钱力”资源，改户口，托人情，违规将不适龄孩子塞进知名小学。殊不知孩子进校后由于生理、心理发育规律的制约，专注能力和专注时间有限，成长见识、锻炼机会少，结果往往难以培养良好的学习习惯。这些过早进入小学阶段学习的孩子由于知识面的广度不足，身心健康发展较慢，不少人在实施“愉快教育”的小学阶段便已初显吃力端倪，坚持到初中、高中则往往因其年龄小、阅历少而不适应学习环境，影响孩子的全面发展。这些孩子成人以后，事业发展、家庭幸福都有可能大打折扣。有学者坚持研究了 30 年，发现步入此途的 70%~80%的孩子和家庭都为此付出了高昂“学费”。

又如初中升高中时，家长明知自己孩子的升学成绩离学校的录取线差分太多，按照学生成长规律，这太多的差分反映出了学生的态度、情感、能力、基础与要求的差距；再则高中教学内容难度、节奏都不可能专门针对这类差距太大的学生。然而，家庭偏偏认为孩子与自己一样聪明，一样有毅力，一定能“赶上去”、“超过去”，于是千方百计硬要将孩子“塞进名校”。结果除 10%左右的孩子能做到屡战屡败，屡败屡战，保持一种“阳光”状态外，绝大多数的孩子不仅学习成绩没“赶上去”，而且产生了严重的厌学情绪，呈现出严重的自卑情绪，身心健康受损，甚而行为习惯“越轨”。

2. 成功人士教育子女的运作误区

(1) 错过对子女教育的最佳时机。

跨进知名学校门，升入理想的初中，考入合适的高中，面临与同学分手和多样化选择，多数孩子既有美好的憧憬，也有许多困惑，最希望与父母交流、沟通，获取父母的理解、支持和帮助。此时，正是为人父母对子女进行教育的最佳时机。

称职的父母总是花一定时间、精力，提前进行学习，调研咨询。上哪所小学由父母决定，初中和高中选校则反复与孩子进行讨论，并听取孩子小学、初中班主任和业务校长的建议，最终达成共识。即使是个别性格随和的孩子，父母也注重培养孩子的自主精神、独立人格，与孩子共同制订合适的择校计划，为孩子进入一个陌生的成长场所、进入人生的重要阶段做好充分准备。

可惜相当数量的成功人士忽略了孩子的情感需求，不愿意花时间、精力去听取班主任和校长的建议，而是自作聪明地用“权力”、“金钱”开路，包办或完全由着孩子的性子，为孩子选择学校。这样做的结果往往使自己失去了一个与子女进行情感沟通，提升子女认识、判断能力的良好机遇，使自己与尊重老师、尊重教育、信赖学校、与学校教育密切配合，共同对子女进行教育的大好机遇失之交臂。同时，这样做也无形中为孩子滋生任性、不珍惜学习机会、不尊重老师和学校、一味攀比等不良习惯埋下了“隐性炸弹”。

(2) 子女受教育缺少依靠的对象。

为子女教育而“择校”的根本目的是选择“优质教育资源”。优质教育资源的最根本要素是优秀的班主任、任课教师、校内分管教育教学的干部、优秀的学生群体、教育专家等人力资源。

许多成功人士为子女“择校”时过分相信、依托所谓的“重点学校”，盲目送子女到大中城市学校，而自己却离孩子太远，缺少了管教机会。

孩子上了“名校”，有的成功人士大摆宴席庆贺，请校长、老师作陪，但宴席散后便常以工作太忙，或因离子女太远等为借口，对孩子在校表现不闻不问，以至于有的家长在孩子3年学习结束时还不知班主任、任课教师是谁。或者逢年过节、周末等都要长途跋涉、劳心费神、花钱财去关心照顾子女，但平常的关心、教育严重不足。在孩子“择校”问题上，他们依靠的是“中介”、“托儿”，如此本末倒置，显然选错了依靠、依托对象，孩子怎能健康成长？

第四节　留守子女的家庭教育

随着我国改革开放的逐步推进，许多农民工长期在外务工、经商，便将孩子留在家乡，由爷爷奶奶、外公外婆或其他亲友帮助管理和教育。这些孩子常被称为“留守儿童”。

据有关资料介绍，全国约有留守儿童2 200多万，其中，可谓“留守学生”的学龄儿童占43%左右。这些“留守学生”往往存在着一些问题，如懒散、怕吃苦，以自我为中心，性格孤僻、任性等。调查还表明，“留守学生”绝大部分是由祖辈在进行抚养和教育，这些祖辈往往无条件地满足“留守学生”的需求，娇生惯养的现象普遍存在。“留守学生”由于缺乏父母的有效监护、家庭的亲情温暖和良好的家庭教育，很容易产生自我中心意识，即使犯了错误也不接受批评，部分孩子十分任性，以致达到骄横的地步。因此，家庭和学校应分别着力采取相应办法，以促进“留守儿童”的健康成长。

1. 现状调查

（1）“留守学生”比例接近半数，占学生总数的45%左右。其中，“留守学生”中单亲外出的占29.1%，双亲外出的占70.9%。

（2）“留守学生”隔代教育现象普遍。父母都在外的“留守学生”中，由祖辈监护的占92.1%，由亲戚监护的占7.9%。“留守学生”外出父母一年回来一次的占47%，两年回来一次的占36%，两年以上回来一次的占17%。

（3）“留守学生”中“学困生”的比例大。“留守学生”中，学习成绩优秀的占15%，较好的占37%，中等偏下的占23%，较差的占25%。

（4）“留守学生”行为习惯普遍较差。“留守学生”行为习惯较好的占12%，一般的占49%，较差的占39%。行为习惯方面最突出的不良表现是上课精力不集中、贪吃贪玩、自私自利、乱花钱、不爱劳动、不珍惜劳动成果。

（5）“留守学生”期待父母之爱。在同这些学生的谈话中发现，多数“留守学生”十分想念自己的父母，希望父母能在家关心照顾自己。

2. 情况分析

(1) 生活状况。爷爷奶奶、外公外婆往往都是老人，一般文化水平较低，有的甚至连自己的名字都不会写，许多人都不同程度地存在着老、弱、病、残现象。这些老人的教育理想不高，往往觉得只要孙儿们吃饱了、喝足了就圆满完成了教育任务。家庭生活节俭，往往难以达到营养标准，“留守学生”们营养跟不上，身体状况比其他孩子差。衣着方面，老人往往觉得孩子不冷、不露出肉就行了，自己衣着不整洁的问题难免会在自己的孙子身上重现。

寄养在亲友、长辈家的“留守学生”因生活条件差、质量低而无法保障最起码的生活，因隔代监护、上代监护、自我监护等都存在监护不力且亲情缺失而易产生寄人篱下的感觉，同时还因监护人缺乏保护意识而导致人身安全受威胁。

(2) 行为习惯状况。两个老人面对五六个人的承包地，天天都在地里挖、在土里刨，哪还有许多的时间、许多的精力再来管教孩子们？对学生在家的一言一行不能做到严格要求，有的甚至懒于管教。久而久之，一部分“留守学生”也养成了一些不良的行为习惯，不同程度地有厌学、逃学、缺乏信心等现象，存在上课注意力不集中、小动作多、没有上进心等问题。他们中的一些同学成绩不好，成为班上的中等生、后进生。

(3) 心理健康状况。祖辈们整天辛劳，再加上认识水平的限制，与孩子交流沟通也是心有余而力不足。孩子有什么问题也懒得与老人说，更别说谈心了。孩子的想法不能及时得到正确的解答和引导，造成了孩子一定程度的不健康心理。

(4) 违规违纪状况。由于一些“留守学生”在家长期形成了不好的行为习惯，在学校时也经常违规违纪。调查显示在违规违纪方面，“留守学生”与父母亲在家的学生比例大约为65:35。学校教师们对一些“留守学生”也非常头痛，普遍反映“留守学生”难教。甚至，他们中有一部分人不完成家庭作业，比较调皮，上课常常违反纪律，与同学之间也不能和睦相处，常常出现打架斗殴的现象，日常行为习惯差，性格古怪等等。

(5) 人格发展不健康：一般而言留守生虽在经济上、物质上比较优越，但常因孤立无助而易滋生孤僻性格、异常行为和任性、冷漠、逆反等心理障碍，因缺少父母关爱而易产生情感的孤独，因爷爷奶奶过分溺爱而易产生骄纵、固执的个性。

(6) 受不良的环境影响：许多“留守学生”因意志薄弱而出入网吧、游戏厅；因道德认识模糊甚至干些偷盗、抢劫等违法勾当；还因受不良习气影响而存在学习动机不明、兴趣不浓、成绩较差等学业问题。这些问题不仅仅是家庭的问题、教育的问题，如果放任不管，就会演变成一个新的社会问题。

“留守学生”虽然因长期缺乏亲情滋养和社会因素、周边环境影响，在学习和生活中容易出现问题，但个性上仍然形成了下列两大不同类型：

(1) 奋斗型。这个类型可分 3 种。

①传统报效型：渴望亲情，重视情感，非常发愤，决心以优异的学业报答远在他乡的父母。

②独立生活型：无论在家在校，都勤勤恳恳，任劳任怨，独立支撑生活，生存能力强，并为自身的理想而努力。

③友好合作型：性格善良、待人友好、与众融洽，凡事希望合作，共同发展。

(2) 消极型。这个类型可分为 6 种。

①情绪波动型。学习生活，时冷时热，情绪不稳，浮躁不安，性格乖戾，脾气暴躁。

②懒散被动型。无论学习生活，都被动懒散，无进取心，凡事“哪里黑哪里歇”，拖拉疲沓，学业“偷工减料”。

③我行我素型。总是与周围格格不入，独来独往，不合群体，凡事偏执，不与大家合作，自己怎么想就怎么做。

④习惯不良型。因缺乏管教，养成一些不良习惯，像经常酗酒吸烟，说话做事极不踏实，自觉性、纪律性都差。

⑤冷淡麻木型。情感淡漠，对师长、同学漠不关心，麻木不仁，认为这个世界是冷酷无情的。

⑥破罐破摔型。经常旷课逃学，与社会闲散人员厮混，惹是生非，打架斗殴，家庭和学校一般很头疼。

总体而言，属于奋斗型的“留守学生”不少，但属于消极型的“留守学生”影响较大，这个问题值得重视。

3. 对策研究

(1) 要培养孩子自立。监护人应从小事抓起，让他们吃点苦，不要只关注他们的身体发展。要培养他们的坚强意志和耐挫力，孩子自己能做的事，尽量让他们自己做，不要越俎代庖。

(2) 重视情感沟通。“留守学生”从小缺乏父母的关爱，这需要长辈们与他们进行情感上的沟通。要尽量寻找他们身上的闪光点，充分发挥其特长，并适时加以引导。同时要注意谈话的技巧和方法，美的语言，不但可以更好地传授知识，而且还可以陶冶孩子的情操、净化心灵。

(3) 重视情感育人。加强与“留守学生”的语言交流，设身处地为“留守学生”着想，以诚相待，平等相待，使“留守学生”把我们看做亲密的朋友和伙伴，愿意给我们说心里话。我们或以“聊天”方式指点日常生活，或以案例故事规范日常行为，教导他们理解父母，支持父母，尊敬师长，团结同学，学会做人。通过心灵的交融，使“留守学生”感到我们不仅是他们的老师，也是他们的父母。校与班不妨为“留守学生”建立起成长档案，使学生看到自己的点滴进步。

(4) 重视合力育人。建立“家校联系制”和“帮扶责任制”。通过电话、短信，加强家长、学校和学生的沟通联络，凡事多通气。学校则通过当地各社区教育机构及学校团委、学生会、联谊会等社团组织，开展“一帮一”、“手拉手”、“互帮互助”等活动，努力使他们逐步克服学习、生活、心理及言行举止等方面的问题，并以生动的事实，耐心地给他们讲道理，促使他们进步。

(5) 重视希望激励。用典型而生动的成长个案启发他们，从心灵深处感召他们，以唤起他们对现实的正视、对生活的热情和对学业的信心，使他们认识到人生一世，混是不值得的，要热爱家乡，爱惜自己，自尊自强，不要做人生的俘虏，要敢于战胜自己，看到自己美好的未来。

只要我们不把“留守学生”特别是问题“留守学生”当做“另类学生”看待，不持偏见，以一颗赤诚的心，伸出热情的双手，给他们真爱，他们一定会感受到学校是温馨的大家庭，一定会与其他学生一样，成长为国家的有用之才。

案例：“隔代教育”存在隐忧

一项调查显示，上海、广州、北京三地0~6岁的孩子中，接受隔代教育的为50%~70%。而且，孩子的年龄越小，与祖父母或外祖父母一起生活的比例就越高。调查表明，孩子接受“隔代教育”存在不少隐忧。

据江西李先生介绍，他的儿子今年4岁，由于自己和爱人的工作都太忙，儿子从出生后5个月就被送到老家。去年夏天把儿子接回家，孩子的奶奶也一同过来，继续照顾。几个月来，李先生发现：每天早上，奶奶叫小孙子起床，给他穿衣服都要用半个小时；孩子吃零食一袋接一袋，吃饭超不过三口就跑出去玩；鞋带松了，把脚一伸，奶奶小跑过来给他系上；在家里捣蛋时，如果被批评几句，孩子还没怎么着，奶奶就已经开始在旁边抹泪了。

最让李先生尴尬的是，儿子的霸道名声渐渐传出了家门。有好几次他在小区里欺负了别的小朋友，奶奶居然还替孙子撑腰。现在，没有小朋友愿意和儿子玩，孩子只和奶奶待在家里，脾气也一天比一天坏。

有关专家表示：人到老年往往格外疼爱孩子，并且容易陷入无原则的迁就和溺爱之中；同时，祖辈过度保护遏制了孩子的独立能力和自信心的发展；此外，祖辈深受传统思想的束缚，接受新生事物较慢，影响孩子创新个性的形成。

第五节　单亲家庭的子女教育

单亲家庭出现，是由于夫妻一方死亡（包括患病或意外事故）或夫妻离异。前者是不以人们的意志为转移的，而后者则是夫妻矛盾激化达到顶点而产生离婚现象。可以说，单亲家庭是一个有缺陷的家庭，它对家庭成员往往产生一种残缺感，这种家庭的孩子容易产生心理异常，其行为表现不佳，容易成为所谓的“后进生”。这类后进学生有的毛病较多，经常会衣着不整洁或者着奇装异服，不讲卫生，易冲动，好幻想，逃学，深夜不归，甚至数天不归家，诈小同学的钱物，毁坏公共财物，甚至连自己的衣服、书籍、文具也不爱惜，损坏或丢失，对生活、学习自暴自弃，玩世不恭，具有逆反心理，个别的甚至干一些不道德、违法甚至犯罪之事，给社会带来一定危害，这既成为一个社会问题，也给学校教育带来了较多的问题。对单亲家庭子女的教育问题，政府、学校、监护人都应高度重视，都有责任关心帮助和教育他们健康成长。

1. 单亲家庭子女的心理状况

一般而言：单亲家庭子女由于家庭的不幸带来的心理障碍较多，其心理问题主要分有以下四类：

(1) 忧郁类：多数单亲家庭学生属于这一类型。由于自卑，感到抬不起头，喜欢独处，不愿意和同学交往，少言寡语，胆小怕事，整天生活在一个孤独的“城堡”里。学习成绩往往中等偏下。如果他们的父亲或母亲的工作也不顺心，境况不好，家长自己的心态、性格也是沉默、忧郁，无法给予孩子细致的关爱，在这样的家庭里生活的学生，情感容易陷入抑郁、沮丧、悲观和苦闷状态，没有活力，对学习也产生不了兴趣。

(2) 散漫类：处于无教育和监管能力的单亲家庭学生容易表现为这一类型。行为表现为无组织、无纪律。由于孩子的辨别能力不强，自控力差，盲目模仿社会上的不良行为，想干什么就干什么，我行我素，常迟到，旷课，爱说谎话，搞恶作剧，对老师的批评不予理睬，缺乏上进心，对集体漠不关心，学习成绩较差。有的孩子吸烟、酗酒，个别的早恋、离家出走等。

(3) 多疑类：为数不少的单亲家庭学生和重组家庭的学生属于这一类型。由于多疑，对任何事物都持怀疑态度，逆反心理严重。表现为情绪不稳定，喜怒无常，常为一些小事和同学争吵，个别的甚至大打出手。学习凭兴趣，成绩时好时坏，对老师的表扬和批评无动于衷，缺乏集体荣誉感。

(4) 霸道类：由祖辈哺养，或溺爱，或缺乏监管、教育能力的单亲家庭学生容易属于这一类型。由于缺少管教，或教育方法不当，从小养成骄横的习气，事事以自我为中心，心目中没有父母、老师、同学，法纪观念淡薄。个别的由于择友不良，沾染偷盗、赌博等不良习气，容易走上违法乱纪的道路。

2. 单亲家庭子女心理异常的形成原因

(1) 家庭原因。父母亲的争吵、打骂，在子女的供养、教育等问题上意见不一致，互相推诿、扯皮造成养而不教、放任不管，或把孩子当成“出气筒”，稍不如意就谩骂斥责，甚至拳脚相加。孩子失去家庭的温暖，得不到完整的家庭的父母之爱。孩子精神上承受沉重的打击，因而变得孤僻、性格忧郁、意志薄弱，破罐破摔、自由散漫、无进取心。有一个学生，父母离婚，母亲改嫁出走，该学生随父亲生活。但父亲又与一女人同居生活，很少管孩子的学习和生活，稍不顺意就骂，其奶奶想管教，但因年事已高，也无能为力。该学生对父亲的行为很反感，常表现出强烈的抵触情绪，混日子，对什么事都抱无所谓的态度。在课堂上故意捣乱，恶作剧，经常逃学，弄得班上不安宁，老师看到他就头疼。

父母一方死亡，孩子由祖辈抚养，对孩子缺乏严格要求和督促，溺爱放纵，而造成孩子任性好强等。有个学生的父母经常吵架，原因是其父经常要去赌钱。有一天母亲忽然车祸身亡，其父便变本加厉，更加好吃懒做，成天在外赌钱。孩子经常饥一顿、饱一顿。时而赌输了钱的父亲又拿他出气，因此他常常不敢回家，所以经常逃学，在社会上同一些地痞逛歌厅、下舞池、看录像，有时甚至连续几天不回家。

(2) 社会原因。极少数坏人的教唆，不健康文艺作品和社会上封建愚昧现象的影响，对于单亲家庭子女比一般家庭的子女往往更有吸引力，在他们孤独的心灵深处看来，社会上处处都有他们的“老师”：电视机、录像机、游戏机、麻将室、台球室、OK厅等地方的这些“老师”，比讲台前的老师具有更大的吸引力。而当学校、家庭又缺乏及时的教育时，这样的学生就容易被这些消极的东西所影响和感染，从而对学习失去兴趣，抵触学校的正面教育，在学习上、品行上越来越差。

(3) 学校原因。受应试教育的影响，教育行政部门、学校对教师工作的评价出现偏差，考试成绩的好坏直接与教师的名利挂钩，给教师造成了很大的压力。而教师又将这种压力转移到学生身上，对部分单亲家庭子女不能一分为二，看不到他们身上的积极因素，对他们的缺点没有及时地给予指导，使他们失去信心，使学生的缺点错误更加发展，最终成为“双差生”。有些教师把“双差生”看成是“害群之马”，在处理他们的问题时感情用事，简单从事，或息事宁人、或采取惩办主义的做法，任意停课，甚至把学生赶出教室，赶出学校，使学生情绪产生对立，失去自尊心和自信心。有的教师动辄训斥家长，使家长不愿接近老师，学校教育与家庭教育脱节，各行其是，互相之间不配合，削弱了教育的力量。

(4) 自身原因。以上三方面是造成一些单亲家庭子女心理异常而成为差生的外部原因。其主要原因还在于学生自身。在这些学生中，有许多人实际上知道怎样做是正确的，怎样做是错误的，但由于意志力薄弱，正确的观念不能占上风，所以往往会产生一些不良的行为习惯。这些不良习惯又往往会使有些学生在采取不良行动时产生方便、自然，甚至舒适的情绪体验，因而又成为实现类似不良行为的内部动力。如抄作业、旷课、不做作业、打电子游戏、偷东西等。这些习惯一旦多次重复巩固以后，要想一时转变，困难是比较大的。

3. 单亲家庭子女的教育对策

(1) 走出家庭不和的阴影，重建融洽信任的亲子关系，为孩子教育创造条件。

孩子在父母离婚战争中心灵已经受到伤害，作为家长首先要在生活上给予孩子以非常的呵护，非常的关心，给孩子创造一个和谐的家庭氛围。像《下辈子还做母子》影片中徐美云老师那样竭尽全力为儿女，无怨无悔。家长应放下架子和孩子平等交朋友，深入孩子的心灵，了解他们在想什么、学什么、忧虑什么、希望什么。天长日久，孩子就会感到心情愉快，从而在学习上也会充分发挥自己的智商。

另外，单亲家庭的家长也不妨把自己家庭如何变故的原因如实告诉孩子，从而求得孩子的理解。再就是，不要在孩子面前随意诋毁咒骂另一方，如果条件容许，本着自愿的原则，孩子也可以和另一方生活一段时间，这对孩子健康成长是大有裨益的。

(2) 单亲家庭在学习上对孩子的要求应是宽严有度，做到严厉而不失温情，放手而不失引导。

在单亲家庭中，孩子不是缺乏父爱就是缺乏母爱。在一般家庭中，父母是有角色分工的。所谓“严父”加“慈母”就是较普遍的类型。而单亲家庭的家长要一肩挑起两副担子，自己把握平衡。该放松时坚决放松，家庭要洋溢着民主氛围，给孩子以充分的自主权，让他们干自己感兴趣的事情。但原则问题决不宽松。炼钢要讲究火候，教育要讲究尺度。这方面家长一要多看有关这方面的著作和文章，二要在实践中反复摸索、检验成果，更要多与孩子的班主任、老师联系。齐抓共管，以达到最佳效果。

(3) 正确运用家庭教育方法。

① 说理法。这是一种摆事实讲道理的方法。它的侧重点主要是从孩子的认识入手，从而影响孩子的意识、情感和意志，使他们形成正确的观点和信念。在家庭教育过程中，正确的观念和信念具有关键作用，有了正确的观念和信念，孩子的认识才有明确的方向，行动才有巨大的动力，情感才稳定深厚，意志才坚强可控。反之，只能是言语的巨人，行动的矮子。

单亲家庭的子女不同于一般家庭的子女，由于他们遭受过家庭变故的打击，在思想情绪、行为举止方面往往出现波动和偏差。因此单亲家庭的家长要特别耐心地做好孩子的说服教育，让孩子的思想得到疏导，保证行动的正确方向。首先要让孩子理解父母因离异而造成的不利局面，与孩子沟通情感，通情才能达理，这是教育孩子的前提。如果缺少这个大前提，孩子则认为父母自身行为偏差，产生隔阂，情绪对立，对父母的教育采取漠视的态度，使家庭教育的目标和任务无法实现。

其次，要经常给孩子讲授一些道德标准和行为规范。国外道德发展理论的研究者认为，要改变一个人的思想行为，不能零碎地培养一个人的道德行为，而应建立正确的是非观念。这是对不良品德的根本性的矫正。因此，对孩子讲授道德标准和行为规范十分必要，为孩子的思想行为立下规矩，让孩子明是非，别善恶，辨美丑，识荣辱，确立自己的行为准则。

再次，说理教育的内容要有感染性。如果孩子对某个问题产生愉快的情感，就能顺利地接受有关的知识，并很快转化为行为。因此，要利用具体的形象去感染孩子，引起情感共鸣。比如，经常介绍英雄人物的故事，介绍孩子周围的榜样人物，发挥人物形象的感染作用。

② 榜样法。这是用具体生动的正面形象教育孩子的一种方法，它的侧重点是从激发孩子的思想感情入手，通过父母的优良品行以感染孩子，使孩子形成良好的思想品质、行为习惯。

这种方法的确立是有它的心理基础的。榜样示范法的特点就在于它的形象性、感染性和可信性。它通过榜样的言行，把高深的道德规范和行为准则具体化、人格化。心理学研究表明，儿童时期是模仿时期，少年时期是幻想时期与英雄崇拜时期，青年时期是理想追求时期，这三个时期都需要榜样的示范作用。

儿童从出生起，第一个接触的社会就是家庭，父母是孩子的第一任老师，也是终身老师。父母的一言一行无不影响着孩子的成长，可以说孩子是看着父母的脊梁长大的，因此父母给孩子树立良好的榜样十分重要。但遗憾的是不少父母教训孩子振振有词，但是他们不懂得“律子律孙先律己”的道理，对自己的言行不能严格要求，平时夫妻吵架，满口脏话，经常当着孩子的面不负责任地发牢骚。有的父母只顾自己追求刺激，上班混日子，下班搓麻将，对孩子的功课不闻不问，把孩子的教育抛置脑后。

我国古代教育家孔子非常重视榜样的教育作用。他说：“其身正，不令而行；其身不正，虽令不从。”“苟正其身矣，于从政乎何有，不能正其身，如正人何！”这两段话虽然是就“从政”说的，但对于家庭教育也完全适用。如果一个家长品行端正，以身作则，自然会给孩子的心理以巨大影响，用不着发号施令，孩子也会按照父母的榜样去做。“不能正身，焉能正人”应成为每位家长的座右铭。

③ 奖惩法。这是对孩子道德品质作出评价的一种方法。其侧重点是对孩子的行为习惯进行评价，对其良好的品质进行强化，对其不良行为习惯予以否定。其目的在于激励孩子上进，预

防和克服不良品德的滋长，这是对行为习惯进行培养的一种辅助方法。

单亲家庭的家长在运用奖惩法时，常常会出现以下两种情况：

第一，把握不好度。有的家长看到孩子取得了一点成绩就沾沾自喜，夸大其辞，四处炫耀，致使孩子滋生骄傲情绪而放弃了继续努力的打算。有的家长则相反，对孩子的期望值过高，一味地批评指责孩子，这也不行，那也不行，这样做的后果容易使孩子反感，影响教育的可接受性。也有的家长，一个过分夸耀，一个一味指责，使孩子感到无所适从。

第二，滥用奖励。有的家长因时间精力有限，无暇顾及孩子，采用以奖惩代替教育的办法。看到孩子有进步，学习成绩好，买这买那；反之，什么也不给。这种教育方法短期内似乎有效，长期不仅无效果，而且很有害处，强化了孩子的物欲，使孩子向“唯利是图”的不健康方向发展。

究竟如何正确运用奖惩法呢？美国心理学家曾加以理论概括：“当神经系统中刺激与反应发生联结伴随着满意时，联结就得到强化，烦恼则极少或不能导致联结的削弱或消失。”这说明，在家庭教育中家长对孩子要多表扬、奖励，少批评指责，表扬与批评，奖励与惩罚都要按照一定的标准，切忌滥用奖惩，在孩子的心理上造成混乱。首先，表扬要深入到孩子的思想深处，并能激发出孩子愉快、自豪的感受，从而激励他去实现更好的愿望。其次，批评、惩罚一定要慎重，要尊重孩子的自尊心，考虑到孩子的可接受性。并经常观察由不恰当的奖励所产生的负效应，不断改变方式方法，使奖励方法充分发挥它的有效功能。

(4) 开展“四自”教育，使孩子能尽快获得一种新的平衡，并健康成长。

① 珍视名誉贵在“自爱”。多数单亲家庭的家长，由于丧偶或婚姻的失败，致使家庭生活遭受了挫折，他们精神受刺激，心理压力大，心理失衡，从而会对子女的心理健康发展带来一些不

良影响，极易造成家庭缺少温暖，孩子心理紊乱，性格特征异常的状况，进而导致孩子无心向学，不求上进，成功机制削弱，出现与他人、与社会不相适应的心理品质。孩子会把别人的评价当做现实的自我，过多地注重别人的评价，让自己的言行屈从别人，产生过多的“他人意识”。单亲家庭的子女应该“自爱”，有勇气对自己诚实，绝不自欺，也不逃避，主动表现出自我的本来面目，不必因为家庭的缺陷和不幸而自暴自弃、怨天尤人，应该看到自己的优点。其实，每个人都是一道风景，即使某些方面不如双亲家庭子女迷人，也有别人无可比拟之处。

② 稳定情绪贵在“自制”。单亲家庭的子女一般在十几岁时自尊心很强、自制力却很差。这个年龄段的少年，一旦受到人格和心理方面的伤害，就很可能采用一些过激行为来维护自己的尊严。而这些过激行为往往会给他人给社会造成危害。当然，对一时冲动的约束，也并非一件容易的事。事到临头时，往往驾驭不了自己。因而要教育单亲家庭的子女冷静、理智，战胜急躁、对抗情绪。自我控制、自我约束，是一个人有所成就的前提。假如每个人都可以随意地发泄自己的情绪，那么世界不就变成一片歇斯底里的战场吗？作为单亲家庭的子女，平时就要锻炼自己的忍耐性。正像人们常说的，只有知道生活约束和限制，不挥霍浪费青春的人，才能最好地发挥他的自由。

③ 遭受挫折贵在“自勉”。目前，社会上还有人囿于旧的婚姻观念，对单亲家庭不理解，乃至另眼相看。有的学校和老师甚至嫌弃他们当中的一些品学较差的学生。这就更使得单亲家庭的子女会遇到更多困难、挫折，处理不好，便会举步维艰，甚至于悲观失望。征途茫茫有时看不到一丝星光，长路漫漫有时走得歪歪扭扭，但只要自己心中的风景不凋零，自己勉励自己闯过难关，人生就会在追求中永驻春天。“自勉”是对自己的一种积极的、整体的审视、评价和认定，是对自己一种欣赏的态度。自我勉励能正确地认识自己，摆正自己的位置，校准自己的行为，明

确前进的方向。不知自我勉励，光靠等待温暖和关爱的单亲家庭的子女，容易在凄凄惨惨、悲悲戚戚中虚度时日，从而精神不振，裹足不前。

④ 实现目标贵在“自立”。单亲家庭的子女的特殊经历往往使其品尝到生活的许多滋味，包括不幸和痛苦。但这不是坏事，它可以使人思考，使人成熟。成长是一副担子，你年幼的时候，担子压在父母的肩上，你走向成年，走向独立，担子就要自己来挑。靠人靠天靠祖上，不算是好汉。单亲家庭的子女总该为自己将来打好基础吧，否则怎么能有生存的实力？单亲家庭的子女常常会抱怨过去、现在生活对他们的消极影响，抱怨自己没有出生在一个好的家庭，没有好的环境，他们把责任推给历史，推给家庭，而自己却时常生活在自怨自艾之中。要知道，不走一点弯路的人是没有的。要发挥自身的积极因素和潜能，争做凌空飞翔的雏燕，用双翅去搏击风浪，练就生活的本领，实现目标，领略人生的无限风光。

总之，由于单亲家庭在子女教育方面存在较多问题，我们呼吁社会每一个人都来爱护关心单亲家庭子女。因为青少年是祖国的未来，为了中华民族的明天，让我们都来关心单亲家庭子女的教育问题，为社会、为国家尽一分责任。单亲家庭的家长在教育子女方面更要重视、掌握孩子的心理特点，正确运用家庭教育方法，为了孩子，应营造良好的、民主和谐的家庭气氛，使孩子能在爱的阳光雨露下健康成长。

第三章　家长如何营造良好的家庭环境

第一节　应当培养什么样的孩子

1. 培养理智讲理的孩子

中国人总是把“听话”当做一个孩子的优点，但是我们希望孩子不要只做听话的孩子，我们要他们成为讲理的孩子。要培养孩子理智、讲理，可以给孩子定“规矩”，但定规矩必须注意：

(1) 定好规矩，首先把规矩的道理给孩子讲清楚，而不是要求孩子盲目地服从；

(2) 在规矩内孩子有完全的自由；

(3) 违背了规矩孩子将受到已知的惩罚。

2. 培养成功学习的孩子

在今天普遍看重应试成绩的学习环境里，家长很难对孩子的课业成绩不在乎。但是，孩子在这现实的环境里的压力很大，家长要尽量体谅他们。不要对孩子希望太高，更不要把自己没有实现的理想强加在孩子身上。太高的、不合理的期望都只会给孩子太大的压力和让孩子产生对不起父母的罪恶感。不要把成绩看得太重，打好基础和对知识真正的理解和掌握远远比成绩重要。

尽量让你的期望合理化。不合理的或不可能的目标，孩子可能会最终放弃努力。尽量把自己对孩子的要求转成对孩子的建议，尽量不要把孩子和别人比。

鼓励孩子为了成人而学习，而不只是为了分数。鼓励孩子自己动手，要鼓励他用学过的知识解决问题，让他知道学这些知识对生活是有用的，而不是为了考高分才学。最重要的是要启发孩子主动地对自己的学习负责。

3. 培养自主独立的孩子

在中国，父母对孩子的关爱特别深，生怕孩子受一点伤害，所以他们对孩子更多的是保护，放不开手脚。这样导致了孩子有很大的依赖性。也有些父母会帮助孩子设计人生规划，但是这通常会使很多人忽视了孩子真正的兴趣和选择的能力。

但是，21世纪将是“自由选择”的世纪。“在这个世界里，人将拥有更多的选择，他们必须积极地管理自己。”进入社会后，孩子必须自己决定自己的行业，自己的老师，自己的老板，自己的公司……每一天面临的都是选择。一个孩子如果长大了还是只会背诵知识，听话被动，等着别人帮他作决定或做事情，那他进入社会就算不被欺负，也不会被重视。

如何培养独立自主选择的能力呢？我们提出五个“要”和五个“不要”：

要培养孩子“自己想办法”的习惯；要把选择权交给孩子，让孩子成为自己的主人；要培养孩子的责任心，多指导，少批评；要培养孩子的好奇心，不要什么都教他们，让他们自己去试，失败也没关系；要信任孩子，信任比惩罚更能够激起责任心。

不要用太多的规矩限制孩子的自由，要让孩子去做自己喜欢做的事；不要惩罚失败，失败是让人进步的学习过程；不要说教，如果孩子相信了你的说教，他可能会失去判断力，如果孩子不相信说教，他可能叛逆或不信任你；不要生活上凡事都包办代替，放手让孩子自己做；不要过多地插手孩子的事务，剥夺孩子自己的选择权。

4. 培养快乐的孩子

一个人的快乐和他是否能做他有兴趣的事是有相当大的关系的。根据美国对 1500 名商学院的学生长达 20 年的追踪研究发现：追逐兴趣并发掘自身潜力的人不但更快乐，而且更容易得到财富和名利的眷顾。即便他们不能从这件事中获取财富和名利，他们也会得到终生的快乐和幸福。

很多家长让孩子去学钢琴、练跳舞。专家认为，有一些爱好是很好的，可以帮助孩子全面发展，但是要适量。有些学习是很苦的，所以家长要用“让孩子有选择”的方法和孩子“约法三章”。如：两个孩子都对音乐表示兴趣时，家长可对他们说，尽力学 3 个月，3 个月后，你们如果尽了力，你们可以决定要不要再学。结果，他们对音乐都没有兴趣，但是一个对画画有兴趣，一个对戏剧有兴趣。于是，家长可让他们朝他们感兴趣的方面发展。

5. 培养自信积极的孩子

成长在一个期望值高、只有批评没有夸奖的环境里的孩子很难拥有自信。给孩子正面的回馈，让他知道你注意到了他做的每一件好的事情。自信是需要逐步培养的，所以家长可以帮助孩子做一个长期的可衡量的计划。

降低期望值给孩子减压。学校课业任务繁重，考试频繁，竞争激烈，父母的期望值过高，会使得孩子精神压力增大。

有一个高一男生，升入高中后由于教师的教学方法发生了变化，竞争对手也发生了变化，他感到十分不适应，导致学习成绩下降，从初中时的全年级前 3 名落至高中的 200 名之后。在心理咨询室他痛苦地说：“16 年来我第一次感到自己的无能，每当看到父母满怀期望的目光，就非常难过，不知如何做才能达到父母的要求。如今，苦闷、烦恼、忧愁、气愤充满头脑，看见书就又恨又怕，真想把它扔出去。”

许多父母对子女抱太大希望，常常自觉不自觉地给孩子施加压力，强迫孩子在小小年纪就去学这学那。结果，许多孩子对学习产生了厌恶情绪，有的还严重影响到身心健康。其实，教育孩子不一定是把他培养成教授或博士才算成功，关键是要使孩子成为一个幸福的人。好父母，应设身处地考虑孩子的实际情况，照顾孩子的兴趣爱好和实际能力，尊重孩子的意愿而不是盲目地要求孩子按照成人预先设计的轨道成长，千万不要硬性地对孩子提出过高的期望要求，培养孩子有一个健康的心理、美好的品格和良好的动手能力，远比考试成绩的第一名更为重要。

第二节　重视研究和改进教育方法

我们能够理解做家长的苦衷。当学生家长难，当中学生家长更难。为什么众多家长对家庭教育感到困惑，苦于自己知识浅薄呢？还是自己方法不对呢？看来，还是要拓宽思路，更新观念，改变自己的思维方式，才能跟上时代前进的步伐。现在，科技在发展，社会在进步，人类进入新的世纪，如果沿袭陈旧的习惯，抱着陈腐的观念不放，就无法搞好家庭教育。当代儿童教育专家呼吁：在家庭教育上，要向孩子学习，两代人共同成长。应该敏锐地看到，今天的孩子十分聪明，他们获取知识的渠道多，对知识的选择性以及对新事物的敏感性和探索性日益增强，对成人社会的影响也愈来愈大，一定程度上已具备影响成人世界的能力，他们身上蕴藏着巨大的发展潜能，某些潜能甚至大大超越了父辈。因此，我们作为家长，尤其是中学生的家长，还是按着“老一套”行事，往往走不通，办不好，乃至办的结果是事与愿违，事倍功半。为此，父母要以诚为本，着眼于向孩子学习，了解孩子，尊重孩子，欣赏孩子，努力做孩子的朋友，建立一种谈话式、交互式、融合式的家庭教育新模式。在这里我们介绍几种好的教育方法，供家长们参考。

1. 积极引导法

家庭教育是一门科学，要不断研究和探索，立意要高，思路要新，方法要巧，如果一味的说教和重复的唠叨，其效果几乎等于零。这里我介绍一位先生教女有方的故事。李先生的女儿是一名中学生，学习成绩不错，并在《少年文艺》等刊物上发表了多篇小说，而且获了奖，已有些小小名气。看着女儿健康端正的足迹，李先生由衷地感到欣慰。同时，每次对女儿的教育也让自己得到提高，可谓是两代人共同成长。有一次李先生出差在外，听到以色列总理拉宾遇刺身亡的消息，在震惊之余，立即打电话告诉女儿。女儿接到电话很吃惊，她惊讶的不是因为拉宾被刺，而是爸爸专门为此事打长途电话。女儿说："爸爸，拉宾被刺是件大事，它说明一个地区和平的艰难程度。"平时，女儿对历史老是不求甚解，又找不到解决问题的办法，李先生抓住这个契机，向女儿提出要求，说："再过 10 天时间，我就回家了，到时你能告诉我拉宾这么好的总理为什么会被刺杀的真正原因吗？"女儿想了一下说："行"！回到家里的那天，女儿郑重地拿出《读者》杂志刊登的一篇拉宾的演说词给父亲。李先生看后，感到女儿已认真阅读了关于巴以关系的历史，已基本搞明白了拉宾为什么会被自己国家的人刺杀的真正原因。于是与女儿就巴以关系问题开展了一次认真的讨论，在交谈中，女儿被激起的维护正义、希望和平的情感溢于言表。李先生在教育女儿的过程中，通过拉宾被刺这一突发事件，引导女儿去阅读有关书籍，促使女儿养成"探究"的学风，其方法值得借鉴。同时，李先生还说，我抓住孩子感兴趣的问题，采取积极引导的方法，以达到教育目的，同时，也使自己感到，自己要加强学习，不要在女儿面前因一知半解而出丑。

2. 心理暗示法

教育孩子，不能以文化高低画线，因为文化水平并不能包含素质的全部内容。在前面的实例中，我们讲述了两位高文化层次知识分子父母的悲惨家教，现在我们再介绍两位文化水平较低的农民夫妇在教育子女上的成功事迹。在东北吉林的农村，有一个徐姓家庭，这对农民夫妇，生养了6个女儿。父亲只读过两年书，母亲则一字不识，而他们精心培养孩子，努力营造一个温馨和谐、宽松融洽的家庭氛围，将6个姐妹都培养成为了身心健康的人才。大姐大连铁道学院毕业，三姐考上吉林大学，四姐、五姐均被东北师大录取，小妹考进吉林省财税专科学校，二姐因病，又受过挫折，未能进入大学，现在某建筑公司工作，这一家六姐妹均事业有成。现在，我们集中介绍徐家大姐叙述她们的家庭教育片断，可能对我们的家长有所启迪。她说，我们的父母对世界上有关教育学一无所知，但是，他们认真地读过做人这本无字的书。母亲有句朴素的格言：“孩子的心是块空地，种什么长什么。”父母亲在子女们心灵中播种的思想和爱，成为了支撑我们姐妹积极向上的不可动摇的人生信念。我中考前，心理压力非常大，虽然不知道将来要干什么、又能干什么，但暗下决心自己一定要考上，不然对不起父母的一片苦心。父亲顶着艰苦生活和农村“重男轻女”的压力供我上学，考不上不是给父母丢脸吗？在家我又是长女，如果考不上又怎么在妹妹面前做人？一层层考虑，压得我惶惶不安。父亲平时很少说话，也很少过问我们学习上的事。我一直以为父亲根本不知道我的心事，其实完全不是这样。有一天，刚吃完晚饭，全家人坐在一起聊天说话，父亲望一眼窗外，指着走在大道上一个人的背影说：“世上的事都是活的，要是想不开就走进死胡同了，屯里许家姑娘，去年没考上中学吃耗子药死了。人来到世界上不容易，为这么一点小事寻短见不值得。中学考上就上，考不上就下地干活。”母亲也旁敲侧击地说："聪明人不能干蠢事。"开始，我只是当故事听，后来才明白这完全是说给我听的，在给我减轻压力，对我进行心理暗示。在此之后，村里又发生过两次因失恋发疯病退学回家的事，父亲每次都用很自然的口气说："婚姻大事得有缘，两人合不来就是没缘，为这事疯了犯不上。这个人不适合，就分手，再找合适的不就完了吗？世上没有死路，人要想不开，路就全死了。"我们每次像听故事那样就把父亲的话记在心里了。而那些话好像有根，一边往心里扎，一边长出了茂盛的枝叶，在我们姐妹升学考试、恋爱成家各个可能让心灵打结、起皱的关口，都密实地挡护着我们的心灵，防止被任何一丁点挫败所刺破和扎伤，所以，我们六姐妹在成长过程中，无论遇到怎样的困难都没有走进死胡同。一些急于求成的家长们，当你们听完这段故事后，会想些什么呢？

3. 慎独自律法

《礼记·中庸》篇中说："故君子慎其独也。"古希腊哲学家德谟克利特也说过："要留心。即使当你独身一人时，也不能说坏话或做坏事，而要学得在你自己面前比在别人面前更知耻。"慎独，是依靠在实践中形成的内心信念来支配自己的行动，它是一个人思想觉悟程度和思想道德品质修养的最高标志。当孩子处于形成人生观、世界观和价值观的时候，让他懂得在独处活动、无人监督的情况下，也能坚守道德信念，认真做人做事，规范自己言行。同时，教育孩子"勿以恶小而为之，勿以善小而不为"，不放过"微小"过失，做到防微杜渐。我们有的家长，把这些传统美德看成是老掉牙的话题，不屑一顾，只知道教育孩子考高分、上重高、上大学，不重视教育孩子加强自身修养，以致造成不堪设想的结果。北京某名牌大学一位学生以十分优异的成绩被美国一所著名的大学录取为博士研究生，大家都为之高兴。然而仅仅入学一周，他就被学校开除了，大家在震惊之余，都为他惋惜。原来，他到校后的一天下午，导师安排他在两点到三点去实验室做实验。在实验室里有一部长途电话，由于他缺乏自律的意识，便乘无人管理之机，抓起电话，和在美国的其他同学通话，越说越兴奋，一聊就聊了40分钟，1小时只做了20分钟的实验。几天后导师在电脑的记录上发现了此事，便追问那天他在干什么？他回答说：我在按您的要求做实验。导师又问：你除了做实验，有没有做其他的事？他竟然一口咬定：没有做其他事情，我一直在做实验。导师听后气坏了，当即向校方提出报告写道：我非常遗憾，尽管该生的成绩十分优秀，但我不得不提出，我很难信任他，如果将来做实验，他说谎，擅自编造数据怎么办？这位高才生就这样带着刻骨铭心的遗憾回国了。

4. 理性处置法

不犯错误的人在世界上是没有的。作为孩子，更是经常犯错误，这没有什么奇怪。然而，在当今“望子成龙”的社会风气里，一些家长对孩子要求过高，希望他们“纯而又纯”，容不得有半点错误和失误；父母总把眼睛盯着孩子，没完没了地忠告、批评和责备，弄得孩子不厌其烦，家长也达不到预期的效果。这里，向大家介绍发生在某省某重点中学的一个故事，可能会使做父母的受到启迪。在一次研讨家教的座谈会上，一位德高望重的老教育家深情地回忆他们处理一位犯错误学生的往事。学生的父亲是一位高级科技人员，母亲也是知识分子，家庭条件很好，可偏偏发生了一件不该发生的事情。当年高考逼近，大家都忙于备考，气氛相当紧张，而这位学生却跑到外边偷了一块比较名贵的手表，当场被抓送至派出所。父亲从国外访问刚刚到家，听到此事气愤异常。但是，父亲和母亲以理智控制了自己的感情，在学校和公安部门的支持和配合下，一方面进行调查了解，说服教育；一方面引导孩子改正错误，并鼓励孩子积极迎考，用行动来改正错误。由于处置得当，孩子情绪正常，没有影响高考，结果以很高的考分，被录取在某重点院校。后来，这位同学在大学也一直成绩优异，品德良好，毕业后分配到一个重要的单位工作。在谈及往事时，这位同学深感内疚，真诚感谢学校和家庭给他的帮助，决心要一辈子认认真真做事、老老实实做人。

5. 自我省察法

可怜天下父母心。许多父母为了子女成人成才费尽了心血，尽职尽责，真可谓全心全意，但是事与愿违的情况并不鲜见。一个重要的原因，就是父母的言行对孩子具有很深远的影响作用。有人说，在孩子身上往往可以看到父母的影子，这话有一定的道理。因此，在思想道德素质教育中，父母省察自己的言行是十分必要的。对于“行”的要求，诸如要求父母以身作则，不贪图便宜，不自私自利；要言行一致、厚待别人、文明礼貌；要拒绝赌博、收受礼品、大吃大喝等。现在，我们重点讨论做父母之“言”，即观点和言论这种“无形”的东西对孩子成长的影响。

我们现在正处于建设社会主义市场经济体制和实现现代化建设战略目标的关键时期。新中国成立几十年来特别是改革开放以来，祖国的面貌发生了巨大变化，各项事业都取得了令人瞩目的伟大成就。但是，与发达国家相比，我们尚有较大的差距。我们要奋发图强，在努力培养“有理想、有道德、有文化、有纪律”的一代新人上下工夫，这样才能使我们的科学实力和综合国力大大增强，使我们伟大的祖国变得更加强大。当前，我国正值社会转型期，思想活跃，负面影响不可忽视，因此，我们每个家庭都有责任配合学校开展对学生的“三观”（世界观、人生观、价值观）、“三义”（爱国主义、集体主义、社会主义）教育，对现实生活中的问题，要有正确的观点、全面的观点和辨证的观点，对于社会上出现的新情况、新问题，要采取分析的态度、求实的态度，大力提高青年学生的道德素质水平和适应社会生活的能力。为此，在对学生思想政治教育中我们家长在言论上主要应该做到如下几点：

第一，要慎言，不要轻言。作为家长，对待事物的观点和看法，最易于为孩子接受，因此，家长应时常注意自我省察，在孩子面前说话谨慎，不要轻率，不经调查研究，不要主观臆断，乱发议论。例如，有位家长对国家的扶贫工作不满意，说什么“扶贫扶贫，越扶越贫；某省某县，搞了50年，还有2 000多万贫困户”。其实，我国扶贫工作，取得了举世瞩目的成就，从一亿多贫困人口下降为4 000万人（1998年统计数），联合国都认为是世界性的独创。就这位家长所说的这个县，全县总人口只有1 700多万人，怎么会有2 000多万贫困户呢？

第二，要益言，不要危言。在改革开放的大潮中，鱼龙混杂，在所难免。对于社会上的负面的东西，家长应该冷静思考，善于分析，要区别局部和整体，个别和一般的关系，做到看主流、看本质、看发展，与党中央的大政方针保持一致。尤其是对社会发生一些恶性事件，不要危言耸听，更不要信谣传谣，以免对孩子产生误导。

第三，要引言，不要堵言。中学生接触面广，信息量大，他们独立思考能力强，且具有好奇的心理特点。因此，社会上的重大问题，家长可以采取讲座的办法，引导的办法，广开言路，以求得统一的认识，坚持正确的价值导向，即使孩子有不同的观点，也不能采取压制的方法，堵塞言路，否则不利于提高孩子的认知水平和适应社会生活的能力。

第三节　家庭应有民主与和谐的氛围

孩子生活在一个民主、和谐的家庭，其生理、心理才可能健康发展，学业才可能优异。下面介绍高考专家的研究成果，对家长应该有所启迪。

高考研究专家、中国科学院心理研究所博士生导师王权盛对全国各省、自治区、直辖市的74名高考状元进行了调查研究，发现高考成功是有规律可循的。

第一，状元不问出处。调查表明，考入北大的高考状元中，家住农村的占19.6%，家住县城的占23.5%，这两项人数共占43.1%。

许多家长认为，只有重点学校才有可能出状元，但调查结果显示，进北大的非重点中学状元占了21.5%。

调查还发现，民主的家庭环境对学生取得好成绩至关重要。出乎人们意料的是，许多状元们的父母文化程度并不高。父亲文化程度为初中或高中的占62%，母亲文化程度为初中或高中的占70%。但状元家庭有一个共同点：民主和尊重。对待高考，这些家庭都有一颗平常心。大多数状元家长在中学以后就不再管孩子的学习，因为这些状元从小就养成了好习惯，把学习看成是自己的责任。

第二，成功源于实力和心态。王权盛说，状元自身的勤奋和高效学习方法是其具备实力的条件。在他研究的近400名高考状元中，大多数状元智商都在中等和中上，智商超常的并不多见。考前良好的心态也可能使平时成绩并不特别拔尖的学生一跃成为状元。

第三，状元多是“通才”。王权盛认为，状元鲜有死读书者，大多博学多才，兴趣广泛，而这缘于宽松的家庭氛围和家长正确科学的引导。死读书难出状元，高考状元们不仅会学，更会玩。历届高考状元年代跨度大，但家长对孩子的教育是相通的。发现孩子在某方面表现出特殊的兴趣和爱好后，民主的家长会培养孩子扬其长、避其短。

无论如何，他们都是优秀的学生和成功的孩子，有许多东西值得人们与之分享。

案例之一：安徽理科状元张某：父母反对租房陪读

张某的父母都表示：儿子不是“天才”。其父亲比喻自己的角色就是“动动嘴，教会儿子学习的方法”。在张某很小的时候，其父亲就注意有意识地培养他的学习兴趣，帮助他养成良好的学习习惯。

母亲则是在生活上给予“有限的照顾”。张某的母亲说，儿子上高中后，她和孩子的父亲均坚决反对到学校附近租房陪读，而是让孩子住校，养成独立生活的习惯，绝对不代替他去做他应该做的事情。其母亲因为工作忙，仅仅是每周到校看望一次，陪儿子逛逛街。

案例之二：海南理科状元于某：我在父母的宽容中长大

谈到自己的家庭，于某说：“我是个独立性较强的女孩，上中学时住在学校。父亲在外地工作，很少见面，妈妈工作也很辛苦。父母很开通，他们很尊重我的个性，从小就鼓励我全面发展。读高中时，我对父母说：‘我要力争考上清华大学。’有一次我考了30几名，妈妈对我说：‘女儿啊！你打算放弃考清华的愿望吗?’我自信而坚定地回答母亲：‘不，我决不放弃考上清华。’”

案例之三：宁夏理科状元杜某：我家气氛和谐民主

杜某的妈妈在医院工作，因为工作关系，经常要倒班，并不像其他家长那样全力以赴地去照顾女儿。杜某妈妈说，家里的气氛很民主，对待孩子像朋友一样，小杜称呼爸爸老杜。他们也不把分数看得那么重，很尊重女儿的意见。初中3年，杜某在宁夏一中学习，要升高中了，杜某的家搬到离学校较远的新区。父母建议女儿中考时选择九中，离家近。可杜某坚持上一中，父母同意了她的选择。

案例之四：陕西文科状元孙某：爸爸要我简朴生活

孙某出生于知识分子家庭，家境不错的孙某在生活中却非常朴素。班主任说，因为孙某父母长年在广州工作，高中3年她一直和爷爷奶奶生活在一起。她从来不用手机，吃穿都很简单。高考那天，那双布鞋上还缝补着针线。

在接受媒体采访时孙父感慨地说，他对孙某并没有太多要求，只希望她健康成长，养成好的生活习惯，培养她“坚持”、“珍惜时间”等品质。我们很少辅导她学习，高考时我都在外地，对她的教育主要是从观念上引导她、支持她。

第四节　提高家长素质

华东交通大学母亲教育研究所王东华认为：提高青少年素质的最好办法，就是提高监护人的素质，就是提高父母的素质，将家庭变成最好的教育单位，让家长承担起应有的教育功能。

孩子成长的问题，虽然表现在孩子身上，但根子却在成年人身上，在父母身上，要治孩子“病”，父母先“吃药”……

另外，提高监护人素质的关键是提高母亲的素质。从大量的案例我们可以看到，孩子的问题大多是由母亲造成的，母亲的问题大多是由父母造成的，父母的问题大多是由社会造成的。没有家庭的稳定就没有社会的稳定，没有家庭的健康也就没有社会的健康。

可以从三个层面来理解母亲教育。

第一个层面是要让母亲认识到其对教育孩子的重大责任，要让她学会调动起父亲的积极性，同心协力地培养出好孩子。

第二个层面是要让父母，尤其是母亲认识到，没有父母素质的提高就没有孩子素质的提高，父母素质的提高是孩子素质提高的基础和前提。

第三个层面是社会风尚，全社会都应该为母亲的成长提供条件，让母亲成为全社会最受尊重的人。

王东华认为，要从战略高度认识父母教育尤其是母亲教育的重要性。为此，他建议将一些相关问题统一到母亲教育这一中心上，如女童的受教育问题、女性维权的问题、遏制毒品及艾滋病蔓延问题等，劳动部门要拿出专门的经费对下岗女工给予特别教育培训，让这些母亲把工作下岗当成教育上岗的一个机会。

东北师范大学教育科学院邦立刚认为：要打开过度保护的牢

笼。今天的孩子大多是在父母的过度保护下成长起来的。这种过度保护将严重干扰孩子身心的健康发展，产生极其严重的后果。

第一，过度保护往往会造成孩子人格发展的严重缺陷，对家长产生过分的依赖心理，缺少自信心和独立性，优柔寡断。

第二，独立生活能力差，通用知识面狭窄，操作能力低下，行为幼稚，起码的个人生活都难以料理。

第三，社会适应困难，社交无能，大多存在沟通障碍，无法与他人协作甚至无法和睦相处，难以参与社会或群体生活。

第四，自我意识偏激，情绪情感脆弱，极易产生负面情绪，陷进持久的焦虑苦闷和抑郁的心境中不能自拔。

第五，极度自我中心，对他人缺乏关爱，缺乏道德感和社会责任感，报复心较重，且易产生盲目的攻击性暴力行为。

第六，性心理发育发展不成熟，由于对父母的过分依赖，孩子的爱心老固着在父母身上，在进入青年期和成年期后的两性交往的婚恋过程中，将会产生许多问题。

对于儿童自理能力的教育培养，早期教育特别重要，而家庭作为早期教育的主要环境就更为重要。儿童从小受到良好的家庭教育的导引与熏陶，将为其一生的成长与发展打下一个健康的、具有“可持续发展潜能”的基础。相反，若是儿童成长过程中缺乏良好家庭环境的支持，则极有可能受到阻滞、伤害，甚至埋下潜在的危险。在许多日常生活的小事中，家长的教养态度和方法都会对孩子的自理能力的发展产生影响，从而影响孩子总体发展和将来的成就。从现实生活大量事例来看，家庭教育功能性不良往往是造成儿童自理能力低下的主要因素。

儿童自理能力的培养问题，从个体与民族、国家的关系的角度来讲，关系到的不只是一个孩子、两个孩子，而是关系到整个下一代、关系到民族和国家未来的大事。

案例：3 000 学生将妈妈“妖魔化”

武汉市最近举行的“楚才杯”国际中小学作文比赛，有3 000

名小学生不约而同地将妈妈刻画成“变色龙”、“母老虎”、“河东狮吼”等形象。将自己妈妈“妖魔化”的背后，透露出学生面对家长们强迫“培优”的无奈。

据报道，这次比赛的小学五年级作文题是“给我一点时间”。记者在“楚才杯”组委会，发现五年级2 200份考卷中，超过70%的孩子选择了一个共同的题材——被妈妈逼着整天“培优”，学习压力大，期望妈妈给自己一点时间。

孩子们被妈妈逼着赶场“培优”、参加奥赛、练琴学画，做着永远也做不完的习题。在这些孩子的笔下，妈妈是“会计师”，计算好了他们每一分钟；妈妈是“变色龙”，考了满分她睡着了都会笑醒，考差了就会大发雷霆；妈妈是“母老虎”，每次出去玩总被她准确地堵回来；妈妈是“河东狮吼”，看一会儿电视她就会发作……

在妈妈们看来，这样做是因为爱，是望子成龙。但孩子们并不领情：“妈妈，你在我心中的地位非常高尚，我不愿因为这而讨厌你，害怕你，我渴望拥有快乐的童年。”

有关专家认为，3 000考生不约而同地“妖魔化”妈妈，是现代母亲这个角色带来的结果，反映了妈妈们在当代社会面临的共同困惑。

第五节　教育不能失去“幸福感”

素质教育过程中，最重要的是施教者的“素质”，家长的修养尤其需要加强。

一个合格的家长必须时时自问：我想让孩子养成哪些素质？这些素质我自身是否具备？

一个合格的家长必须回答这样一个问题：素质教育的核心是什么？回答这个问题前，你要注意以下事件：某国家级科研机构的博士后跳楼身亡，某知名高校的著名化学家吞剧毒自杀，原因是“压力大”或没能得到某头衔；某调查称，中国人普遍缺乏“幸福感”，也就是说大多数人是“不幸福的”……

一个合格的家长要思考，这种从名人到百姓的“不幸”、“不幸福”，是否会使孩子对生命产生一种虚无感？假如孩子此时问你“活着是什么？”你该如何回答？

一个合格的家长应当明白，如果只注重分数而不注重素质，那么孩子今天可能会考取高分或进入一所名校，但是你无法保证他将来的幸福。

一个合格的家长应该与学校和社会一起，真正将素质教育落实为“幸福感教育”。教育如果失去了“幸福感”这个核心，就是失败的教育。

下面列举几位网友的看法，相信对家长们的认识会有启迪。

北京网友孙女士说，作为关注孩子成长的母亲，现在我没有给孩子报什么课外班，只是保留了她一直喜欢的合唱团，而且我已经把令我们母女俩非常烦恼的钢琴课也停了，因为在不快乐的心情下练琴不会培养出良好的情操。一个人的一生怎么走，不完全依赖于家长的努力，其实最主要的还是孩子自己对人生的领悟。家长所能做的，就是把他们带到这个世界上，抚育他们，给他们一个温暖、安全的港湾。我现在的想法就是，孩子只要健康、快乐就好。毕竟不是所有的人都能够成为科学家、艺术家、政治家等等，在社会上生活的绝大多数是我们这些普普通通的人。

北京网友刘女士说，不要把教育弊端的畸形意识强加给我们的孩子，如果让我们选择孩子是健康快乐地成长，还是获得病苦的成功，我想没有哪一位家长愿意放弃健康与快乐！想一想我们自己的童年，哪一个不是在亲近大自然与快乐游戏中度过的？所以不要再强迫孩子了，他们已经如此负重了！还他们一个有着灿烂天空的童年吧！其实，有一个生龙活虎健康活泼的孩子比什么都来得实在！

河北网友李女士说，千万不要以为自己养育了孩子，就可以有资格主宰孩子的未来。孩子不是家长的私有产品，家长没有权利对孩子进行违背规律的改造。爱孩子就不要拿他和别的孩子去比较。别的孩子之所以好，是因为他有一个与众不同的父母。在指责孩子的时候，先问自己：我做了什么？不要总以自己的思维方式判断现在的世界，要知道世界在变，孩子才是引领未来的主角。

湖南网友“风飘飘以轻扬”说，升学，是中国家长面临的一个极其重大的事件。让我感到悲哀的是，当今社会大多数家长是不称职的。他们要么拿钱或者以关系开路，要么放任自流，听天由命，有的只会在孩子面前讲大道理，还有一些“很负责”的家长，他们每天为孩子任劳任怨，围着孩子转，进行着各种各样的陪读，可是，结果却并非如他们所愿。原因何在？在于他们不了解孩子的所思所想，更不能掌握孩子的学习和心理动态。于是，等到他们恍然大悟的时候，却已经永远地错过了这班车。

——少年儿童需要有快乐的童年，学习是为了追求生活的快乐和幸福。教育工作者要有素质教育的价值取向，学校应让学生感受生活的乐趣和幸福，体验生命的价值和意义。

——今天的家长不读书，他们使劲地逼孩子读书，希望孩子能出类拔萃，却忘记了自己是孩子最重要的榜样。

——现在家长过于重视对孩子的物质支持了，反而忽略了更重要的精神支持。其实，对孩子来说，最重要的是希望得到父母的爱，让父母对他们满意。

——如果孩子有什么不好的习惯或问题，明智的家长应先从自己身上找答案，否则，无益于问题的解决。

——当今中国的孩子，非常优秀，但是非常困惑；非常聪明，但是不够自信。他们是能够在平安的社会接受完整的教育的一代，他们有幸出生在拥有选择的时代，而时代应该传授给他们做选择的智慧。

——因此，中国孩子的父母们，我们的责任重大，让我们努力吧，争取成为“最好的父母”！

第六节 不能乱用奖励和惩罚

很多家长常常抱怨自己的孩子不听话，打骂都没用。其实孩子的拗脾气往往是大人给惯出来的，孩子的坏习惯也是由于家长有意或无意的不恰当奖惩而逐渐稳固下来的。家长在教养孩子时常犯的错误有以下几种：

一是父母未能奖励良好的行为。比如孩子因为得了4门优秀，兴冲冲地把成绩单给爸爸看，没想到爸爸忙着干自己的事情说：“好的，等我忙完了再说。”此时孩子会非常失望，认为父母并不关心自己，自己学习努力了也没有用。

二是父母无意中惩罚了良好的行为。比如孩子为妈妈洗了衣服，结果妈妈一看，几件不能水洗的贵重衣服都被洗坏了，顿时火冒三丈，大声责骂。孩子的一番好意反而招来了责骂，以后他可能连碗筷都懒得收拾了。可见妈妈只注意到了孩子帮了倒忙这一结果，但是忽略了他体谅大人、主动做家务的动机。

三是父母无意中奖励了不好的行为。如孩子想得到某个东西，父母嫌贵没有买，孩子大哭，父母最后扛不住了只好投降。以后，孩子只要看中了什么就一定要买，否则他就躺在地上耍赖。案例中，父母给孩子造成了这样的一种印象，就是只要哭闹的时间够长，父母一定会满足我的愿望。

四是父母未能惩罚不良行为，比如孩子欺负了别人，父亲狠狠地揍了孩子一顿，以为他会记住教训。谁知孩子第二天又把对方打得头破血流。案例中的父亲以为教训了孩子一顿，他就会变懂事了。实际上孩子从父亲那里学到的是：谁让我不开心，我就要打他。

第七节　八招让孩子倾吐心声

1. 慎用批评

不管是不是孩子的错，如果你想要孩子把发生的事告诉你，攻击和批评不是办法。此外，不要过早地下结论，要等待他把事情全部说完，听完了他的故事，更重要的是诱使他们自己发现问题的答案或者解决办法。随着孩子的不断成熟，家长应走到幕后，给孩子自己思考解决问题的机会。

2. 创造机会

“孩子，让我们来谈谈！”如果你们的谈话是这样开始的，结果往往是说话的只有你一个人。然而，在你们一起打完篮球，开车回家的路上，往往是孩子滔滔不绝、喋喋不休的时候，要想多了解孩子的生活，就要多创造这些对他们没有压力、和你一起活动的机会。当你直接需要问问题的时候，也要少用“为什么”，因为这个词往往会激发他们的逆反心理。

3. 控制反应

比如，当儿子告诉你他没有被校足球队选中时，尽管你和他一样很失望，也不能让这种情绪表现出来。否则，会造成以后他只报喜不报忧的后果。

4. 选择时间

吃完晚饭时正是孩子想告诉你很多事的时候，你也许有一大堆的碗要刷，但你最好留在餐桌前，耐心地倾听。大人们总计划着下一步，而孩子们只注重现在，要遵守他们的时间表。

5. 奖励诚实

当孩子做错了事时，你必须首先对他向你承认错误的诚实表示肯定。孩子们最担心因为他们的错误行为而失去父母的爱，所以你要特别注意鼓励他们养成主动承认错误的好习惯。

6. 尊重隐私

即使对于最开放、最友好的父母，孩子还是有他们自己的秘密，特别是在青少年时期，他们开始学着和父母分离，越来越多地依靠朋友。我们应该做的只是让他们知道，如果他们需要，你会永远站在他们身边。

7. 替孩子保密

想象一下，你最好的朋友把你告诉她的最隐秘的事告诉了其他人，你的感受会怎样？孩子们也是一样，这可能是你失去信任最快的途径。

8. 及时弥补

不管我们怎样注意，总有犯错误的时候，及时弥补就显得极为重要。要肯放下架子，向孩子承认错误。

第八节　教育孩子的十个最佳时机

在教育孩子时，同一种方法，在不同的时间或时机，发挥的效果是不同的，有时甚至会截然相反。以下是一些专家的建议，家长们不妨一试。

1. 生日时

对孩子来说，生日是最难忘而又愉快的日子。父母为孩子准备生日礼物和美味佳肴的同时，不要忘了生日赠言。生日赠言，可以是书面的，也以可是口头的，应使孩子明白一些道理。

2. 就餐时

要从小教育孩子珍惜粮食、菜肴，使孩子明白饭菜来之不易的道理。让孩子在餐桌上学会礼貌和谦让。

3. 交际时

应利用家庭交际的机会，培养孩子文明、礼貌、热情、大方的交际素质。

4. 旅游时

给孩子讲解名胜古迹来历或故事的同时，有意识地教育孩子热爱祖国的大好河山，不要攀折花枝、乱涂乱写，用食物或脏物投掷动物，乱丢瓜皮果壳等。

5. 家务劳动时

培养孩子爱劳动的良好习惯，可教孩子干些诸如铺床、叠被、扫地等家务活动，家务活动可随年龄的增长而“加码”。

6. 有成绩或过错时

孩子有了成绩，在鼓励的同时还要让其看到不足，从而激励其更进一步；有过错，应帮其找出原因，分析危害，并“约法三章”，使孩子养成知错即改的好习惯。

7. 新学期开始或进入下一个新的学习环境时

此时，孩子会有一种新的学习意识或学习动力，家长若能注意因势利导，会旗开得胜，事半功倍。

8. 享受成功喜悦时

每当孩子取得成功时，家长在祝贺的基础上，对孩子进一步提出明确而具体的高要求，孩子会以此为目标，自觉去努力，去奋斗。

9. 对某一事情怀有浓厚的兴趣时

孩子对某一事情怀有浓厚的兴趣时，只要这种兴趣是正当的，家长都应尽自己的力量在物力、财力、时间等方面予以积极支持。一些发明家、科学家就是这样产生的。

10. 有较大的集体活动时

孩子有较大的集体活动时，家长应支持孩子积极参加，以培养其遵守纪律的素养，加强集体观念。

第九节　如何处理家庭教育中的一些问题

1. 如何看待新新人类语言

最近，长春宋女士把家里刚装了半年的网线给扯了，为此，上初中的儿子觉得妈妈“既 LT（老土），又 DC（独裁）”。其实，让宋女士生气的正是儿子总在网上聊天，聊完了，张嘴就是“烘培鸡”、“偶稀饭”、“母代”这类让她一头雾水的词，“有时候跟儿子交流都成了难题”。

“有啥大惊小怪的，同学们用这些新鲜词早不是稀奇事了。‘稀饭’是喜欢；‘KPM’是肯德鸡、比萨饼、麦当劳的总称；‘酱紫’就是‘这样子’；‘烘培鸡’是英文 homepage，个人主页的意思；‘8147’就是不要生气嘛！”宋女士的儿子对记者说：“妈妈太落伍，一点儿不懂油墨（幽默），我有时故意这么说，就是想提醒她要跟上时代。”

生活中，很多家长听到孩子这样讲话，反应往往是“好好说话”，“从哪学来的怪话”，他们没有意识到，只有和孩子们进入到共同的语言空间，才能更好地与孩子交流，才能进入他们的世界。

长春48中语文老师王某，常在学生作文里看到“新语言”。“一开始我也不懂，但问过几次就知道了一些。别说，这些词用得恰当时，还真挺幽默，会让他们写的文章读起来很有生气。虽然对学习没什么根本上的帮助，可这些语言对缓解孩子的压力有好处，开开玩笑也无伤大雅。”对新语言持宽容态度的王老师告诉记者，身为班主任的她，有时与学生讲话也会恰到好处地“借用”一些流行语，她发现，这使得自己在与学生交流时很有“群众基础”。

初二学生小魏告诉记者，她爸爸经常主动向她学习“新语言”，这是什么意思，那是什么意思？她也非常愿意给大人讲，因为她觉得这“非常有助于增进彼此的理解、增强家庭的和谐”。而且，她为有这样一个“紧跟时代”的爸爸而骄傲。

东北师大文学院教授金振邦指出，学生使用“新语言”是很正常的现象，老师、家长一味阻止是行不通的，同时，这对老师和家长也提出了新的挑战：一方面，要不懂即学，避免因语言不通而产生沟通障碍；另一方面，还要去引导学生正确使用“新语言”，毕竟这类语言不规范，中小学生的语文基础还不牢固。

2. 顶嘴是聪明的表现

许多父母，特别是那些缺乏耐性的父母，十分反感孩子顶嘴。他们认为，孩子顶嘴是不听大人的教导，就是向父母提出挑战，往往十分恼火，除了对孩子呵斥外，有的还会痛打孩子一顿。其实，父母没有必要对顶嘴的孩子大动肝火，因为对孩子顶嘴要具体分析，也许孩子的这次顶嘴，正是他（她）聪明的表现。

孩子顶嘴，说明孩子有个性、有主见、有活力、勇敢等，否则，孩子对父母的“不合理”要求只会忍气吞声。孩子的顶嘴，是他们对大人“不合理”要求的公开抗争，也是一种心理宣泄，这样的孩子不会有畏缩心理、压抑心理及懦弱、保守、逆来顺受的性格。顶嘴能使他们保持心理的平衡，能起到保护身心健康的作用。但是，当冷静分析具体情况后，当证明孩子顶嘴错了时，家长应耐心帮助孩子提高认识，让其不要固执己见。

所以，当孩子顶嘴时，家长应该以一种十分冷静的态度来对待。

3. 为慢半拍的孩子“提速”

不少父母都有同样的苦恼：孩子做事磨磨蹭蹭，浪费不必要的时间。而且，怎么跟他讲道理都听不进去，只有冲他嚷嚷的时候，才能快一点点，但也只限于眼前的效果，下一次还是老样子。对付这样的小“磨蹭”，父母单纯地着急并不能解决根本问题。

动作缓慢的孩子的神经类型往往属于相对安静而缓慢型，这是孩子的先天气质，父母只能接受并因势利导；再有，有的孩子天生大气，较为成熟，三思而后行，做事的过程中想法很多，所以也会因慎重仔细而动作缓慢，这样的效率反倒会非常高。对此，家长需要仔细分辨后再对孩子的慢性子进行调理。

孩子动作慢，可以通过孩子与父母比赛、孩子自己与自己比赛等方法来改善。父母可以帮孩子设计一张“比赛”成绩表，记下最初的时间，然后，每天记录实际完成的时间，如果比以前有进步，就给予奖励。这种方法目的在于缩短完成每一件事情所需要的时间，是克服动作慢的直接办法。在此期间，家长要对孩子解释时间的意义，激发孩子进步的渴望。

如果给孩子表扬的方法没有效果，就可以使用硬性规定的办法来达到改变动作慢的目的。父母首先估计出孩子尽最大能力能够完成某项事情的时间，然后规定孩子在这个时间内完成这项事情，即时间一到就停止。经常进行如此训练，会有效果。

合理安排时间，提高时间的利用率。在日常活动中，父母要教会孩子如何利用做事的先后顺序来提高效率，在同样的时间内，可以做更多的事情，或者同样的事情可以用更少的时间。如起床大小便之后就不能再回被窝耍赖了，要直接穿好衣服去洗漱……

4. 小错不迁就，大错不追究

在我国港台地区，已经兴起了一个家教纠错新原则，与我们重视大错误、忽视小错误的惯常思维相反，采取的是“小错不迁就，大错不追究”。

这种纠错原则有什么可取之处呢？我国台湾地区的很多家长认为，小孩子有了小错，就像衣服上破了个小洞，如果不及时加以修补，洞就会越破越大，甚至整件衣服都不能再穿。因此，小孩子有了点蛛丝马迹的小毛病、小错误，家长都会把孩子拉到跟前，严肃地批评：“你的错误很严重，很恶劣，今后一定不能再犯，否则爸妈可不高兴了。”

纠错新原则另一方面，就是“大错不追究”。其实，犯错之后，孩子的心理本来已经充满愧疚、自责。所以，智慧的父母，往往会对犯下较大错误的孩子抱着理解、宽容的态度。因为，其实不用父母说，孩子犯了大错之后，会很自然地“吃一堑，长一智”的。

5. 别用放大镜看孩子毛病

正在读小学一年级的小强在家做作业时，经常坐不到 10 分钟就要玩一下游戏机。“孩子是不是出了心理问题？”爱子心切的妈妈拽着小强去看医生。经咨询才知，孩子刚离开幼儿园，还不习惯小学生活，喜欢玩是很正常的，根本不存在心理障碍。

据杭州市青少年心理咨询热线负责人杨迪介绍，近半年来的咨询记录表明，超过20%的孩子家长不恰当地认为孩子有心理问题。轻易拽孩子看心理医生，反而给孩子造成心灵创伤。一个3岁孩子的妈妈苦恼地问，孩子经常抢别人的东西吃，是不是思想品德有问题？杨迪说："其实这是幼儿的本能，不应该用成人的道德标准来要求孩子。"

专家指出，现在人们对青少年心理健康十分重视，这本来是好事，但好事过了头，却有走进另一个误区的危险。

6. 让孩子选择受罚的方式

美国著名作家马克·吐温有3个女儿，他是一个非常慈爱的父亲，他把女儿当做掌上明珠，家中常常荡漾着笑声，充满着温馨的气氛。

尽管在这个家庭里，父母和女儿之间始终保持着一种平等、民主和相互尊重的关系，洋溢着和睦融洽的气氛，但是如果孩子有了过失，马克·吐温也决不姑息，而是要让她们记住教训，不再重犯。只是，马克·吐温惩罚女儿的方式与众不同。

有一次，马克·吐温夫妇想带着孩子到农庄度假，一家人坐在堆满干草的大车上向郊外驶去。一路上饱览着美丽的田园风光，这是女儿们向往已久的事了。可是就在大车出发一会儿，不知出了什么差错，大女儿苏西把妹妹克拉拉打得哇哇大哭。事后，苏西主动向母亲承认错误，但是按照马克·吐温制订的家规，苏西必须受到惩罚。惩罚的方式还要女儿自己提出来。苏西提出几种受罚办法，包括她最不情愿受到的惩罚——不坐干草车旅行。犹豫了老半天，苏西终于下了决心对母亲说："今天我不坐干草车了，它会让我永远记住，不再重犯今天的错误。"

马克·吐温非常理解女儿的决定对她究竟有多大的分量，他后来在回忆这件事时说："并不是我让苏西做这件事的，可想起可怜的苏西失去了坐干草车的机会，至今仍让我感到痛苦——在26年后的今天。"

第十节　父母不要在孩子面前扮演专家

“不少家长读了很多亲子教育的书籍，结果读得越多越恼火，跟孩子的关系搞得像仇敌一样。其实，孩子的很多问题是家长自己观察出来的，而不是孩子自身真正存在的。”中日友好医院心理学专家李子勋这番话让家长惊诧不已。

他解释，如今家长习惯于研究教育理论，用理论的眼光观察孩子，于是觉得孩子这里有问题，那里也有隐患。他将“家长过分关注孩子的眼睛”比喻为“黑屋子里一支微弱的蜡烛”，只能看见被家长的关注所照亮的东西，而这些东西并不是孩子的全部。

1. 习惯用固化的思维方式看孩子

在长期的亲子关系研究中，李子勋发现，家长总是习惯于用3种思维方式来评价孩子的行为。

一是直线性思维方式。简单地将孩子与别的孩子对比，“为什么你总也达不到好孩子的标准?”这种评价会让孩子对自己的感觉被父母的评价修正，不能自由成长。

二是因果不明的思维方式。看不清原因和结果的关系，把可能是结果造成的表象，看成是事情的原因。比如有些家长过于关注孩子的成绩与表现，一旦出现偏差就说：“都是因为你成绩不好、表现不佳，家庭才不和睦。”而实际上，孩子的表现可能正是不和谐家庭关系的后果。

三是复杂性思维的方式。将孩子的某些行为或性格扩大化，并与将来可能出现的状况挂钩。有些家长认为淘气的孩子可能会变成坏孩子，说谎的孩子就是品行不好，这就过早地对孩子进行了定性。而实际上，担心的事情并非可能成为现实，因为担心本身只是一种心理活动，过分的担心，并不能解决实际问题。

还有的家长，总是试图教导孩子你要这样做，你要那样做而孩子的逆反心理往往使他们蔑视权威偏不按家长说的去做。家长越在孩子面前扮演专家的角色，孩子越不听话。

2. 良好的亲子关系大于教育

“其实家长不需要说很多教育理念，不必要告诉孩子该怎么做，不该怎么做，只要有良好的关系就行。”

李子勋提出“关系大于教育”。他强调这里的关系不是过度亲密、依恋的关系，而是一种相对自由和谐、彼此尊重的关系。当父母和孩子建立起这样的关系的时候，孩子会无意识地向父母期待的方向去努力。这就像一个团队，如果人际关系良好，团队就会充满朝气、有活力，能把工作做得很好。

而不良关系的结果是，家长教育的方式虽然正确，但并不一定好。良好的亲子关系应该是父母理解孩子，孩子理解父母，父母不会把自己的意志强加给孩子。

3. 父母要多看看孩子的两面

在日常生活中，父母常常拿着放大镜寻找孩子的缺点，喜欢从反面教育孩子，希望孩子变得越来越好。而李子勋建议家长，多从“资源取向”上看问题，而不是“问题取向”。

“问题取向”是从问题的角度出发，总能看到好事背后的坏事，比如孩子成绩好，马上联想到会不会滋生骄傲情绪。而“资源取向”则把问题看成资源，总能看到负面背后的正面。

比如孩子因好胜与其他孩子打架，从问题取向出发，就容易将其视为不良行为加以训斥。而如果从资源取向出发，将这种好胜心理引导到被社会文化所标定、认同的方式去转变，比如从学校的竞技比赛、将来的事业竞争方面来看，那也许就是另一种局面。

在李子勋看来，孩子在学校出现的一些问题，比如早恋、人际关系冲突等，都不是大事。家长如果把这些看成日常情况来处理，淡化问题，就更能取得孩子的理解和认同。

应当告诉孩子，这些问题、缺点只是一小部分，他还有很大一部分好的方面。这就把孩子眼中的大问题变成局部问题，孩子就容易从事件中走出来。

4. 给孩子一个好的假定

李子勋举例，有些青春期的男生会对社会和他人产生敌意，并把这种力量转向家庭。作为家长，当与孩子发生冲突时应当暂停，各自保留观念，不要陷入纠缠。

他建议家长不要从孩子的阶段性爆发行为中推出恶劣的后果，而是给孩子一个好的假定：他是不是在学校不高兴？是什么情绪困扰了他？那么，家长对孩子愤怒、失望的感觉就会有所改变，孩子也会感受到家长的体谅，从破坏性情绪中走出来。

当孩子犯错误时，家长常常会有两种想法：一种是想惩罚他；一种是认为孩子犯错误是正常的。每个年龄段的孩子都必须允许他犯那个年龄的错误。心理学的“挫折理论”讲述的就是这个古老的命题。孩子不经历挫折是不会成长的。

李子勋说，家长总是希望自己的孩子是听话的好孩子，心理学上则重视孩子的“动力”，动力弱的孩子不容易犯错误，但也不易成功，动力强的孩子容易犯错，但也更容易成功。

第十一节 成功标签制造童年恐慌

孩子越小越容易发生童年恐慌。据中国青少年研究中心2005年9月的一项全国性调查显示：约9%的中小学生对生活感到绝望，产生过自杀的念头。而这种儿童的恐慌是由成人社会的成功标签所制造的。中国青少年研究中心副主任、研究员孙云晓日前尖锐地提出这一观点。

1. 过高期望值注定孩子成为失败者

“现在的父母对孩子的学业期待和学习成绩的要求可以说与现实完全脱节，这就注定了很多孩子成为失败者。”调查显示，50%以上的家长希望孩子读博，87%的中学生父母要求孩子考试成绩要在全年级的前 15 名。在孙云晓看来，家长的这个要求是极其荒唐的。在中国目前条件下，只有 50%左右的同龄人进入大学，读到博士的更是少之又少；而不顾实际情况，硬要读中学的孩子学习成绩要达到全年级的前 15 名，也是缺乏理智的，因为，过高的期望与要求，对于大多数孩子来讲具有绝对的不可实现性。

孙云晓谈到，我们的孩子总是被一遍一遍地告知：不能上重点小学就不能上重点中学，不能上重点中学就不能上重点大学，以后就找不到好工作……这种压力链条的不断下移带给大多数孩子挫败感，令他们陷入恐慌与痛苦之中。

2. 恐慌的关键在于不能理解和承受

产生恐慌的关键在于孩子不能理解和承受。并不是所有的压力都能让孩子产生恐慌，包括成绩、人际关系、父母婚姻等问题。孙云晓强调，如果在孩子可以承受之内，孩子是不会恐慌的。比如，人一天可以干 10 件事，突然要你干 100 件事，你可能就会恐慌了。小孩子是什么样的承受程度呢？比如小学生每天睡眠要保证 10 个小时，如果孩子每天睡 5 个小时，孩子就会恐慌。

据报道，2002 年 7 月，宁夏银川 13 岁的秀秀留下遗言，“我是个差生！”“我死了可以帮父母节约 10 万元！”孙云晓认为，秀秀之所以自杀，是因为她不知道其实不上重点中学也未必就没出息，10 万元钱父母也未必出不起。但是，没有人为她分析和引导，结果她陷入了不能承受和理解的重大压力之下，最终导致自杀。这就是童年恐慌的危害。

“现在的一些父母不但不给孩子解释，还经常吓唬孩子，你现在不好好学习，今后连扫大街的工作都找不到。越说孩子越害怕，恐慌由此而来。”孙云晓说，很多情况下其实是父母夸大了事情的严重性，极力渲染压力和恐慌氛围，不考虑孩子的压力和承受能力，将成年人的恐慌心理直接转嫁到孩子身上。

3. 在交流中渗透正确的价值观

“在中国，成功总是用一把标尺来衡量。”一定要出人头地成了一种共识，甚至连孩子自己都认为不能取得高学历将来没有个好工作，就是对不起父母。这实质上是一种扭曲的价值观。孙云晓认为，我们有些教育表面上叫素质教育，实际上没有掌握素质教育的真谛。真正的素质教育是可以消除和预防童年恐慌的，它应该是以人为本，针对学生个人的素质特点，实施不同的教育。而以升学考试为中心的应试教育，如果不能正确对待，必定会制造童年恐慌。

“教育的核心不是传授知识，而是培养健康人格。”孙云晓指出，家庭教育要以培养健康人格为核心，不要把眼光只盯在孩子成绩的增长上，而要关注人格的发展和形成。要多鼓励孩子，让孩子认清自己的优势和劣势，对自己保持信心。父母还要经常和孩子讨论人生大事和人生经验，比如将来做什么人，从事什么职业等，在交流中渗透正确的价值观。

案例：假如，你有一个“笨”孩子……

期末考试临近，几乎所有的家长都会对孩子有所期待，但是并非所有的孩子都会实现父母的期望，因为孩子之间是有差别的。面对一个智力一般或者偏低的孩子，你会怎么办呢？上海知音心理咨询中心主任王裕如为你解答：

一个花白头发，戴着眼镜，沉重而又疲惫的先生，领着一个白白净净的孩子走进咨询所来。人们会以为这是祖孙俩，而他们却是父子。父亲刚坐定，儿子已不见踪影，他“动若脱兔”，看似很机灵。忧伤的父亲说，婚后十多年才有了孩子。孩子两岁时，妻子去世了，孩子由他独自抚养长大。令他不胜焦虑的是，儿子学习有困难，再怎么努力，成绩总在60分上下浮动。为了儿子的学业，他勒紧裤带，为儿子请辅导老师。然而结果是令人沮丧的，父亲是一筹莫展，无可奈何。

父亲曾经试过棒喝责骂，孩子当时很害怕，睁着迷茫的眼睛，似在责问父亲：为什么如此对待我。然转瞬即忘。也试过娓娓劝说，悉心教导，孩子都认真地听着，表示接受，但一离开现场，他便疯头疯脑投入了自己的世界，玩得不亦乐乎。

我正与孩子单独交谈。孩子擦着头上的汗，带着欢快的微笑。孩子说：“我不着急，是我爸急得不行……”

他一直是乐呵呵的，并表示有信心能把学习状态调整好，但他却缺乏如何调整的方法。

忧伤的父亲和不知忧愁的孩子形成了明显的反差。我首先要做的工作，是让父亲认识，理解孩子的状态，理解他的心理、情绪与能力，并理解他为什么学习困难。

学习困难也称为学习无能，英文简称LD。LD的定义是任何一种或一组阻碍人们在一个或数个领域正常发挥功能的条件。它包括感知觉障碍，精细运动障碍，轻度脑损伤，学习障碍（这种障碍通常只影响某一特殊的学习领域）。

这是关于学习困难的一般概念。导致这个孩子学习无能的原因在于孩子的感觉失真，包括对自我评判的失真。这体现在他感觉不到父亲的忧伤焦虑，我行我素地自得其乐；也体现在他对自我能力、行为的盲目乐观；在毫无把握的情况下，他仍对自己“有信心”。

他的感觉失真是他对外界的刺激反应迟钝的结果，这种“麻木”状态可以使他躲在自己的心灵堡垒中不受干扰。而这种躲避的真实动机，则是他对自我安全的一种保护措施。这个孩子事实上是缺乏基本的安全感的，父亲的无奈、沮丧，母亲的早亡，都是阻碍他心灵开放的环境因素。这种逃避状态造成了他注意力不够集中、记忆力下降，也是造成学习困难的直接原因。

这孩子的学习能力虽有欠缺，但也不到“无可救药”的地步。针对他的情况，父亲首先要包容、亲近他，走进他的心灵世界，给他以支持，并引导他走到现实生活中来。

父亲的心态是至关重要的。父亲能坚强地正视生活中的困境，保持良好的精神状态，孩子才会有相应安全的心态，才有可能逐渐开放，得以成长。只有在获得基本安全的心理状态下，孩子的注意力才会相对集中，记忆力也会增强。

考得怎样固然重要，而根据孩子的实际情况，为他制订符合他成长与发展的个案计划是更重要的。

第十二节　国外成功家教理论

1. 美国人的12条家教法则

美国一家媒体曾刊登过一篇有关家庭教育的文章，介绍了美国家庭中父母教育子女健康成长的12条基本法则：

(1) 归属法则：保证孩子在健康的家庭环境中成长；

(2) 希望法则：永远让孩子看到希望；

(3) 力量法则：永远不要与孩子斗强；

(4) 管理法则：在孩子未成年以前，管束是父母的责任；

(5) 声音法则：尽管孩子在家里没有决定权，但是一定要倾听他们的声音；

(6) 榜样法则：言传身教对孩子的影响是巨大的；

(7) 求同存异法则：尊重孩子对世界的看法，并尽量理解他们；

(8) 惩罚法则：这一法则容易使孩子产生逆反和报复心理，慎用；

(9) 后果法则：让孩子了解其行为在现实世界中可能产生的后果；

(10) 结构法则：教孩子从小了解道德和法律的界限；

(11) “20码”法则：培养孩子的独立意识，父母与其至少保持20码的距离；

(12) “四何”法则：任何情况下都要了解孩子跟何人在一起，在何地方、在干何事以及何时回家；

从这12条基本法则中我们可以看到，美国人的家教几乎与读书、学习、成绩、升学无关，而是注重“做人”，注重品德、修养的培育。

2. 卡尔·威特的金典教子理论

卡尔·威特有一套被世人称为金典的早期教育理论，100多年来使许多人受益，造就出无数个不同凡响的人物。卡尔·威特的儿子小卡尔，是19世纪德国的一个著名天才，八九岁时能自由运用六国语言，16岁获得法学博士学位。然而，谁会相信，这样一个天赋极高的孩子出生后并未表现出怎样聪明，相反却被认为是痴呆儿。奇迹的发生全在他父亲教子有方。

(1) 教育儿子先从母亲开始。母亲在儿子的成长过程中发挥着不可替代的作用。如果母亲只关心孩子的健康，而忽略孩子品德的形成和智力的发展，那就是错误的、不负责任的行为。卡尔·威特认为，母亲的工作不能由旁人代替，孩子的教育必须由母亲承担，把自己的孩子托给他人，恐怕只有人类才这样做，这种做法有失天性。

(2) 催逼会毁灭天才。父母往往只着眼于孩子的天赋，而不注重全能的培养。对孩子要求过高，施加压力过大，这样做多半会使孩子半途而废。

(3) 不要让孩子的精力只用于消化。卡尔·威特说，孩子出生后的头半个月，我们坚持定时给他喂奶、喂水，使他的生物钟一开始就形成规律，直到他能吃饭后，两顿饭之间仍然只许喝水不许吃别的，免得他的胃老是得不到休息，血液总是在胃部工作而不是集中在大脑。如果让孩子的精力只用于消化，那么大脑就不会得到很好的发展。

第十三节　孩子们怎样看家长

1. 中国现代家长的十大类型

(1) 模具制造型。此类家长，属于自以为是之人，总以为自己的想法不会错，总以为自己是为孩子好，对孩子的要求极严，从生活习惯、读书的范围、读书的方法、兴趣爱好，甚至到高考专业的选择，毕业工作的种类，都要进行强制性指导。

殊不知，人是万物之灵，人最大的长处是善于思想，善于学习，善于在学习中创造，而这种教育模式，无形之中就抹杀了孩子的自主学习与创造能力。在这种模式之下，不否认也有一些孩子有所成就，但更多的孩子却成为模具制造的产品，家长原形的克隆。

(2) 温室培养型。如今家长对孩子，捧在手中怕掉了，含在嘴里怕化了，给予孩子最好的学习与成长条件，弥补自己少时的缺憾，这是生在艰苦年代的家长的普遍做法。

孩子的吃要操心，孩子的穿要操心，无一不体现家长细腻的爱心。父母却没有料到，这样的做法，会使孩子离开父母就一无所能。

(3) 极力压榨型。在目前形势下，高等教育与高中教育没有普及，大学生的就业率较低，迫使家长对孩子提出过于苛刻的要求，以使孩子能够上一所名校，有个较好的前程。其结果是孩子被压榨心力交瘁，心理和生理都不能健康成长！

(4) 经济刺激型。有些家长管教孩子，过分采用物质刺激的方法：考第一，奖多少；考前十，奖多少；在不少家庭，已成为了制度，尤其是那些经济宽裕的家庭。

(5) 原始放牧型。这类模式多出现在打工家庭或者问题家庭。这种模式的后果，就是把教育的责任全部推给学校、推给老师，这样的家庭知道吗？现在虽然有“教育万能”的理论，可这世界上却没有万能的教师啊！

(6) 自家萝卜型。俗话说，自家萝卜天大个。是啊，情人眼里出西施，家长眼里出天才，自家的孩子什么都好，即使有不好，那也是别家的孩子不好，是老师学校的不好，是社会的不好，自家的孩子绝对不会不好！

(7) 崇尚暴力型。“棍棒下出孝子”，仍然是部分家长崇尚的教育方法。暴力调教的孩子，要么逆反心理特别强，要么特别懦弱，但有一个共同点，就是在这种环境长大的孩子，很不情愿用武力解决问题！

(8) 《大话西游》唐僧型。这部分家长相对比较温和，但又失之偏颇，当语言说服不能解决问题时，就难免絮絮叨叨了，好比是《大话西游》的唐僧念经。

(9) 百依百顺奴才型。独生子女是父母的期望所在，这样，造就了一大批“小皇帝”，自私自利，没有爱心，唯我独尊，最后不容于社会也就是必然了。

(10) 理想型。爱孩子，重视孩子，但不溺爱，满足孩子合理的要求，但又让孩子明白，哪些是不受鼓励的；严格要求孩子，但给孩子适度的活动空间。这样的家长，能注意培养孩子的兴趣爱好，并使孩子从小养成良好的学习习惯，良好的生活习惯，良好的思维习惯，以及好的性格，这将要影响孩子的终生，使孩子健康成长。

2. 孩子们总结的好家长的十条标准

(1) 要有好脾气，应该耐心跟孩子讲道理；

(2) 不看重孩子的分数，不能考得不好就打骂孩子；

(3) 给孩子做个好榜样，比如要求孩子学习，家长自己也要学习；

(4) 给孩子营造一个良好的家庭氛围；

(5) 多了解孩子，常主动和孩子谈心；

(6) 多和孩子玩，要让孩子感到家长是朋友；

(7) 不溺爱孩子，满足孩子应该考虑孩子是否需要，家庭经济是否能承担；

(8) 不偷看孩子的日记、信件、短信，如果要看应该提前和孩子商量；

(9) 如果孩子进步或做事情成功应该给予适当的奖励；

(10) 多检查孩子的学习情况，多和老师交流沟通。

3. 来自孩子们的心声

(1) 不要我要什么就满足我什么。其实有时我只是想知道我能得寸进尺到什么程度。

(2) 不要对我大喊大叫。你对我喊叫只会减少我对你的尊敬。同时也教会了我喊叫。

(3) 不要总是发号施令。假如你向我提出请求，而非发出命令，我会更心甘情愿地去做事。

(4) 请履行诺言。

(5) 不要拿我和任何人比较，特别是和我的兄弟姐妹。如果你认为我好于他人，有人会难过；如果你觉得我不如他人，难过的会是我。

(6) 不要一会儿让我做这，一会儿让我做那，使我无所适从。

(7) 让我自力更生。如果万事皆由你替我完成，那么我将永远也学不会做事。

(8) 不要在我面前说谎，也别要我为了你而说谎，这样会使我不再相信你的话。

(9) 当你犯了错，请承认错误。你的行为也会教导我承认自己的错误。

(10) 当我向你讲述我的问题时，请试着理解并帮助我。爱我就要告诉我。

(11) 请像对待朋友一样对待我。虽然我们是一家人，但这并不意味着我们不能成为朋友。

(12) 不要让我去做你自己不愿做的事。我永远不会做你让我做而你自己却不做的事情。

第四章　怎样科学地对孩子进行家庭教育

第一节　家长应该培养孩子什么

许多家长把注意力集中在孩子的学习上，其实作为家长，我们要完成的任务是培养孩子的自尊心、自信心、责任心、主动进取精神、学习兴趣和好习惯。

1. 自尊心

自尊心是孩子精神人格的脊梁。如果孩子没有建立起自尊心，他就不会在意别人怎样看他，不会用心去研究人群的行为规则，也就不会寻求别人的理解和认可，由此也就没有了上进心。没有自尊心的孩子不会主动参与群体活动，不尊重别人，不尊重自己，没有在群体中出类拔萃的欲望。

2. 自信心

自信心是一个人做事时的主观心理状态。有了自信心，他可以发挥自己的能力甚至调动潜能，把事情做成功。一个孩子如果没有自信心，当他面对一个习题时，总考虑我为什么不行，而有自信心的孩子注意力集中在解题方法上。所以自信心是一个孩子能否做事（即学习)，能否把事情做对的核心。

3.责任心

责任心分为对内和对外的责任心。对外，要让孩子逐渐建立对别人、对家庭、对社会的责任感；对内，要让孩子树立对自己的责任心，就是让孩子对自己的行为负责任。责任心没建立，一个孩子是断然不可能去积极进取的！孩子会变得被动，家长推一下他动一下。

4. 主动进取精神

如果孩子自己要成长，要学习，那么教育孩子就是太简单的事了，苏联教育家苏霍姆林斯基这样认为。“学习”是一种脑力劳动，而脑力劳动的特点是，劳动者必须处于“主动状态”才能学习好。如果没有主动进取精神，孩子是无法学习好的。

5. 学习兴趣

所谓学习兴趣是当孩子在做这种行为的时候，他能感受到快乐，不用意志力逼着他去做，形成自动反应。学习兴趣是培养出来的，孩子第一次做这个行为是不会有什么快乐的，反复行为，最后能不用意志力，条件反射就把事情做对，再加上家长的表扬、鼓励，孩子找到了快乐，时间长了，形成自动反应，此时，兴趣就产生了。

对于孩子来说，要想学习好，培养学习兴趣是前提，是第一位的。而学习兴趣是需要家长对孩子从小进行培养的。

6. 好习惯

习惯即不用意志力就能做出自动反应。好习惯是一个人快速成功的快车道，一个人的习惯决定他日常的行为，日常行为决定了他的成就。

案例：妈妈请“自私”一点

看到这个题目，很多朋友可能会想，“自私”是一个贬义词啊，怎么能让妈妈自私呢？但是，今天我们要说的主题却是要用妈妈的“自私”来培养孩子的自立。

某心理教师在咨询室接待了一位精神憔悴的母亲，她是一个高一男孩的妈妈。孩子进入高中后，学习上出现了很多不适应的状况，这让她很担心。在初中时，孩子的大多数学习问题母亲都可以应付，能够帮助孩子找到问题，并加以辅导；但是高中的学习难度加大后，对于难度较大的题目，常常自己不会做，也就不知道如何教孩子。这种情况让她有点无所适从，不知道对孩子的学习自己该怎么办。

我们希望母亲们能够反省一下自己的教育方式，不要把对孩子学习的关心，变成“赤膊上阵”、“亲自操刀”。现实中，很多家长对自己孩子的关心可以说是无微不至，尤其表现在学习上。为了孩子的学习，她们常常会放弃很多自己难得的休息时间，整天陪着孩子学习，甚至自己勇攀学习高峰。结果，很多孩子没有搞懂的知识，家长研究得不亦乐乎。对此，家长们自以为是帮助孩子学习的好途径，其实，正是这种方式，使得孩子们习惯了学习有依靠，难题有帮手。于是，在学习上也就变得越来越不主动进取，而家长们也就变得越来越劳累，从而导致恶性循环。

所以，我要说，家长朋友们尤其是妈妈们，请你们“自私”一点。给自己多一点休闲时间，让孩子们自己去面对那些学习上的问题。家长只需要教会孩子建立学习的好习惯，学会自己管理学习；教会他们如何向老师请教，和同学讨论，这样，既培养了孩子的能力，又彻底解放了自己，何乐而不为呢？

第二节　为什么要按照青少年身心特点进行教育

教育是教育者对受教育者实施的一件有目的、有意识的影响活动。要实现预期的教育目标，取得理想的教育效果，必须要从受教育者的实际出发，做到有的放矢。不顾受教育者的实际情况，完全从教育者的主观愿望出发，教育工作只能是一般化，不会取得理想的效果，不可能实现预期的教育目标，弄不好还会事与愿违。

特别是教育处于青少年阶段的孩子，如果不了解他们的身心发展特点，不按照他们的身心特点实施教育，是难以顺利地进行教育的。

处于青少年期的孩子，身心发展具有一些突出的特点：一是大小肌群、大关节和大骨骼增长很快，身高和体重迅速增长，身体各部位机能加强，身体逐渐结实起来；第二性征开始出现，体态发生剧变。二是内分泌活跃，能量代谢旺盛，大脑和神经系统的机能趋于完善。三是性器官与性功能发育接近成熟，体内产生了性激素，性冲动萌发。

生理发展是心理发展的物质基础。生理的迅速发展使青少年期孩子心理变得复杂化，出现了一系列错综复杂的矛盾：

虽然身体素质迅速提高，活动能量增大，而且精力旺盛，但知识经验和认识水平落后于活动能量的发展，不能很好地支配、调节和控制。

虽然具有强烈的独立自主要求，想摆脱成年人束缚，自己支配自己的言行，但独立能力不强，又不能完全独立，还必须要依附于成年人。

虽然大脑和神经系统迅速发展并接近成熟，思维能力显著发展，但逻辑思维能力还不强，往往看问题不全面、不深刻，带有很大的片面性、表面性和偏激性。

虽然情感变得丰富，但由于神经系统的兴奋过程较强，自我控制能力很差，情绪易波动，好冲动，好动荡，反复性大，易走极端。

虽然自我意识加强，自我评价能力有所提高，但往往对自己估计过高，不太客观，带有很大的主观随意性和冒险性。

上述这些矛盾，在初中生身上相当普遍，这给我们教育工作带来了一定的难度。但从另一个角度看，这些矛盾的存在，也给教育工作提供了机会。

我们了解、掌握青少年期孩子生理和心理两方面的特点，就可以进行有针对性的教育。通过这些矛盾的解决，促使孩子的思想发生转化，顺利地渡过这个特殊的年龄阶段，不断走向成熟。

第三节　怎样做到严格要求与理解尊重相结合

俗话说："严是爱，惯是害，不管不教要变坏。"这是人们对于教育子女实践经验的总结，很富有哲理。

实践中人们深深体会到，要使孩子身心健康发展，成为对社有用的人才，必须对孩子严格要求，不放任自流，不娇惯溺爱。这毫无疑问是正确的。但是，有些家长在教育子女的实践中，往往发生偏差，一是严格要求孩子，就引起孩子的抵触和反感。什么原因呢？这是因为有些家长在严格要求孩子时，却忽视了对子女的理解尊重，有意无意地伤害了孩子。因此，要取得理想的教育效果，必须做到严格要求和理解尊重相结合。

1. 对孩子要求要坚定，也要有灵活性

家长对孩子要求严格，首先体现在坚定性上。只要是经过家长深思熟虑的，是符合孩子身心健康发展的要求，一定要坚持。与此同时，家长在对孩子提出要求时，要从孩子的实际出发，做到因人、因时、因地制宜。不同的孩子是具有不同的个性特征的，家长在不违背原则的前提下，要充分注意并考虑自己孩子与众不同的个性特征。另外，家长向孩子提出的要求，也要视不同的时间、地点、场合，有所机动灵活。

2. 对孩子的要求要连贯，也要坚持循序渐进

对孩子的严格要求，还要体现在连贯性上。不能"此一时

也，彼一时也”，更不能前后矛盾，任意降低要求，自我否定。随着孩子年龄的增长，能力的提高，家长可以提高要求。但是，这种提高不应完全按照家长的主观愿望任意提高，而要视孩子的心理发展水平和实际能力逐步地提高。要求过高，超越孩子的心理发展水平和实际能力，孩子经过努力都不可能达到，就会挫伤孩子的上进心、自尊心和自信心。

3. 对孩子的缺点、错误和过失不能迁就姑息，要注意尊重孩子的人格

孩子有缺点、错误和过失，家长应当认真对待，及时地严肃地进行批评教育，对于情节和后果都比较严重的问题，该给予惩罚的要给以惩罚。这体现了严格要求。但在批评时，要注意以理服人，认真分析原因，严肃指出危害，提出今后的要求、希望，不能采取挖苦、奚落、谩骂的态度。即或是惩罚，也不要采取有损孩子人格的手段，不要体罚，不要示众。批评惩罚最好不当着外人的面进行，背地实施效果最理想。

在严格要求中体现理解尊重，在理解尊重中不忘严格要求。二者应相辅相成，互相依存。不能体现理解尊重的严格要求，教育效果不好，不严格要求的理解尊重容易陷入放任自流。

第四节　怎样帮助孩子树立远大理想

理想是“生命的太阳”、“远航的风帆”、“精神的支柱”。理想是人们对生活目的和奋斗目标的追求。它是推动人们前进的巨大力量。中学时期是孩子长身体长知识的时期，也是理想之花绽放和确立雄心壮志的时期。有远大的理想，才能使孩子对生活有着强烈的追求，使其生活更加充实而有意义。中学生一旦在心目中树立了远大理想，他就有一个执著的追求，就会朝气蓬勃地为之奋斗。理想能使孩子将来对人民对社会作出更大的贡献。有

理想的孩子生活有方向、学习就有毅力，能增强求知欲，提高思想觉悟和学习成绩，理想也会促使孩子积极地锻炼身体。

作为家长，如何帮助中学生树立远大理想呢？

1. 培养兴趣、扩大视野、发挥特长

中学生由于思维能力、自我评价能力以及自我意识的增强，他们的理想往往与自己的性格、气质、兴趣、爱好、学习成绩、个人特长紧密地联系在一起。因此父母要根据上述特点培养孩子的兴趣，帮助孩子发挥其特长，扩大视野，立志将来在工作岗位上锻炼成才。比如地质学家李四光，为证实“哥德巴赫猜想”的数学家陈景润，射击运动员许海峰，被誉为“铁榔头”的郎平，他们的成才都没有离开自己的兴趣、爱好，都是较好地发挥了自己的特长。

2. 多鼓励、多引导，少强加、少打击

父母帮助中学生树立远大理想应以鼓励、引导为主。父母要善于挖掘孩子的优点和内心深处闪光的点滴火花，加以引导，使之再接再厉，不断进步；使智力超常或中下的、性格外向或内向的等等不同类型的子女都能树立愿意为之奋斗的崇高理想。对在学校里各方面都表现很好的子女，应重视引导他们的思想升华到更高的境界。在肯定他们现有成绩的前提下，引导他们高标准要求自己，去达到高水平。对学习好的孩子，父母不能把自己的爱好、想法生硬地强加给子女，否则会扼杀孩子的积极性；对学习能力不强但肯研究的子女，要表扬他们的钻研精神，鼓励他们用勤奋去弥补不足，以增强成才的信心和勇气。对那些学习不努力，品德素养不高的“双差生”，父母要用人生的目的去与子女的作为对比，引导他们懂得一个人活在世界上，一生能够为人民谋些利益，为他人做些好事，也是很幸福的，也是很有意义的。如果子女立志做一个兢兢业业的劳动者，父

母不要打击，绝不能用“没出息”、“胸无大志”、“成不了大气候”等词语来挖苦孩子。因为在我们的国家里，没有不发光的岗位，只有不发光的人。

3. 父母要以立足本职、用自己优异的业绩感染孩子

父母本身要立足本职工作，以对技术的精益求精、对科学知识的孜孜追求，成为本行业的能手、专家，以及以高度的爱国热情感染子女是很重要的。许多青少年的雄心壮志和执著的追求就是在父母的影响下形成的。试问父母胸无大志，不热爱自己的工作，常常对自己的工作发牢骚，不求上进，靠吃老本应付了事，其子女会有远大的理想吗？许多家庭，父母上进、子女争气、家庭和谐，充满了乐趣。家长从自己立志做起，用身教去感染孩子，是会有助于孩子树立远大理想的。

第五节 怎样培养孩子的劳动习惯

中华民族是勤劳的民族，爱劳动一直是我国人民的传统美德。然而，近几年来我国家庭教育中出现了“劳动冷”的现象，据调查，生活在城镇的中小学生多数是不参加家务劳动的。被调查的学生每天平均只参加 8.4 分钟的家务劳动，星期天每人平均劳动是 15 分钟，每周平均劳动时间不到 1 小时。而在日本和美国，学生每天劳动的时间为 1~1.2 小时。这个状况与新时期对少年儿童劳动教育的要求十分不协调。究其原因，一是孩子在家庭中受到溺爱，家长没有要求孩子参加家务劳动，或嫌孩子“笨手笨脚”做不好家务，于是家长包揽了全部家务；二是家长认识不正确，认为只要孩子学习好了，比什么都好，没有认识到培养孩子劳动习惯的重要性。而为了孩子今后能适应社会，家长有必要重视对孩子的劳动教育和劳动习惯的培养。

劳动习惯的培养要抓三个方面：

1. 培养孩子生活自理的劳动习惯

一个孩子连自己的生活都不能料理，将来长大了，离开了家庭就会遇到许多困难，甚至影响他们的学习和工作。家长不重视孩子生活自理的培养，孩子就会滋长懒惰、依赖、好逸恶劳的思想，他们会缺乏自信、自立、自主的精神。连自己的生活都不能自理的人，很难在事业上有什么成就。生活自理主要包括：整理自己的房间（铺床、叠被、扫地）、洗刷自己的衣服（包括钉纽扣、缝补衣服）、整理自己的学习用品以及计划和安排自己的学习、生活与娱乐。这些父母不能包办代替，必须让孩子自己独立地完成。日久天长就能形成习惯。

2. 培养孩子做家务劳动的习惯

美国哈佛大学在20世纪40年代，对波士顿城内的465名男孩进行了调查，了解他们的生活经历和成长过程。结果发现，在他们进入中年的时候，不论这些人的智力、家境、种族或受教育的程度有多大差别，凡是小时候劳动过，即使干过简单家务劳动的人，生活都要比从小没有劳动过的人充实、美满。劳动使孩子获得能力和本领，使他有毅力去争得生存和发展的权利，不仅能够适应社会，在社会上获得一席之地，而且能够创造事业，获得幸福。因此，父母要指导孩子在家里清扫房间、收拾餐桌、洗刷餐具等。要让孩子学会择菜、炒菜、做饭，对家里的门窗、箱柜、阳台定期清扫。要指导孩子洗衣服，教给子女使用洗涤剂的方法，学会各种手洗的技巧，如搓洗、刷洗、揉洗。指导子女使用洗衣机和缝补衣服的方法。家务劳动是培养孩子健康成长的重要手段。

3. 鼓励孩子多参加社会公益劳动

父母要鼓励孩子多参加对集体对他人有益的劳动。例如，学校的值日、学校组织的学工、学农、学商以及其他社会公益劳动。当您让孩子去买酱油、醋的时候，让他到邻居家去问问，是否也需要捎回来什么，这有助于培养孩子的集体主义思想和善良、友好、乐于助人的美德。

此外，父母还要注意教育孩子爱惜劳动成果，尊重劳动人民，鼓励孩子多接近工农劳动者，以培养孩子热爱劳动人民的思想感情。

有条件的家庭，还可以让孩子饲养小动物，种花种草、甚至适度参加一些田地里的劳动。通过劳动培养孩子的社会责任感和义务感。通过劳动培养孩子正直、善良、关心别人、帮助别人的美德。

第六节　怎样教育孩子孝敬父母

有人说，“孝”是封建社会的东西，在现代社会中没有必要提倡。也有人说，过去孝敬父母是基于养子防老的观念的产物，现代的父母都有退休金、养老金，没有必要让孩子来管。因而不少家庭让孩子从小养成孝敬父母的观念开始淡漠。

记得前不久曾有报道说，在一项对中国、美国、日本的中学生同时进行的社会心理调查中，其调查表中有一栏是“你所敬爱的人”。最后统计表明，美、日两国的中学生将自己的父母排在第二、三位，中国学生却将自己的父母放在第九、第十位。令人尴尬的是，我国的独生子女从父母那里得到的爱，分明比他国青少年从父母那儿分享的爱更集中、更浓郁、更“完全彻底”。这难道不值得我们深思吗？

再从现实生活中来看，不少父母由于独龙单凤的原因，对自己的子女不分是非曲直，只要孩子开金口，都是“唯命是从”，百般“孝顺”溺爱，如今父母“孝顺”子女已到全面“承包”的地步，包养、包教、包升学、包就业、包成家，甚至包养育子女的下一代。其中最大的莫过包结婚时的大笔费用，这对工薪阶层的父母来说，需要几十年的艰苦奋斗、节衣缩食，才能聚沙成塔，这难道不值得我们深思吗？

孝敬父母是中华民族的传统美德，在社会主义社会，这些传统美德不但应该继承下去，而且应该发扬光大，赋予它新的内容。我们应该有意识地对孩子培养“孝”的道德观。孝敬、孝顺既是中华民族固有的传统美德，也是全人类赖以生存的伦理规范。今天，谁会相信对生养自己的父母都不忠不孝的人，能有“忠于祖国”的气节，能有“报效社会”的胸怀？我们提倡“孝”、“敬”是建立在民主、平等以及尊重子女权利基础上的孝敬，是建立有中国特色的现代家庭道德观规范体系的需要，是落实孝老、尊老、敬老风尚的需要，也是孩子健康成长的需要。

那么，怎样教育孩子孝敬父母呢？

第一，教育孩子孝敬父母是立身处世的根基。要让孩子知晓，孝敬父母是我国的传统美德。孩子在家里知道孝敬父母、尊敬老人，那么上学以后就会尊敬老师，长大成人到社会上就会尊敬领导、尊重别人。立身处世就有了根基。很难想象，一个对给予自己血肉之躯、养育之恩的父母都不孝敬、不思报答的孩子，在集体中生活或工作时，能助人为乐、舍己为人，能有奉献精神？因此，及早将孝敬父母的优良传统注入孩子的血脉，是十分必要的。

第二，父母要以身作则。中小学生的家长，多数自己的父母尚健在，教育孩子孝敬父母，最重要的是身教。要让孩子实实在在地感到你自己就是孝敬父母的人，是道德高尚的人。这样无形中就为孩子树立了典范。

第三，教育孩子尊敬家庭以外的长辈和老年人。在老一辈中，无论事业上贡献很大的人，还是平凡岗位上工作了大半辈子的人，都值得社会尊敬。他们在长期实践中养成的优良品质和作风、积累的丰富经验和知识，都是孩子取之不尽的宝贵财富，理应受到我们的尊敬。教育孩子对待长辈老人，要做到说话有礼貌，举止文明，让路让座，做一个有教养的人。

第四，父母之间、父母与子女之间要做到互相尊重、互相帮助和互相体谅。不要有什么“绝对服从”、“父为子纲”、“夫为妻纲”的封建主义的思想糟粕，也不要有现代的“阴盛阳衰”和“妻管严”等思想诟病，而是要培育一个和睦，民主，你关心我，我尊重你，有福大家享，有难大家当的家庭环境。教育子女要为父母分担一定的家务劳动、分担父母劳苦忧愁，父母病了或身体不舒服要主动探望照顾，要多为父母着想。心中有父母，长大了就会孝敬父母。

第五，利用典故、富于情趣的故事教育孩子。可以用我国延续了几千年孝敬父母的典故教育孩子，像羊羔跪乳、乌鸦反哺、张良取履敬老父、李密陈情报祖母等传说和故事；也可以选些名人敬老的故事以及青少年孝敬父母的榜样来教育孩子孝敬父母。

我们应让孝敬父母的中华之美德，来优化我们的社会环境和家庭环境。

第七节　怎样坚持正面教育、耐心疏导

中学生正处在从幼稚到成熟的过渡时期，自我克制、自我调节能力还比较差，在思想、行为上出现过失，有缺点错误，在所难免。家长不姑息、不迁就、不袒护、不放任，及时地给予严肃的批评是对的。但有不少家长，却对中学生的批评太多，很少肯定、表扬他们的优点、长处和进步，以为这样做是体现了严格要求。其实，这是对严格要求的一种误解。

青少年阶段的孩子，都是有上进心的，包括那些缺点、毛病比较多的孩子，都希望得到肯定、表扬和赞赏。当他们由于进步或做了好事受到家长肯定、表扬和赞赏的时候，就会在情绪上得到满足，思想上产生快感，精神上受到激励。这样，积极的内心体验就会逐步丰富加深，从而更增强自尊心、自信心和上进心，产生再进步或做好事的欲望。如果总是受批评，总是产生不快甚至痛苦的内心体验，他们的情绪就会越来越消沉，进而逐步完全

丧失自尊心、自信心和上进心。一旦丧失了这种精神支柱，采用什么样的教育方式方法也难于把他们教育好。

清代思想家、教育家颜元说过：“数子十过，不如奖子一长。”这是说，数落、批评孩子的十个过错，不如肯定、表扬、赞赏孩子的一个长处，教育效果更好。这个教育原则对于任何孩子都是适用的，对那些表现不太好的孩子来说，尤其显得重要。若运用得好，有时会产生奇效。

对于那些表现较好，品学兼优的孩子，家长进行正面教育，耐心疏导，一般来讲是比较容易做到的。因为这样的孩子，优点、长处比较多，比较明显，进步也较为显著。而对那些表现不太好的孩子来说，有不少家长感到很难做到。有的家长说：“我倒是真想正面教育，耐心疏导。可我怎么看，也发现不了他的一点点优点和长处。”也有的说：“还说肯定、表扬和赞赏呢，我一见他，气就不打一处来！”持这种态度的家长，看来是对孩子抱有偏见或成见。其实，正如那些表现好的孩子身上也有缺点、弱点一样，那些表现不太好的孩子身上也有优点或长处。表现好的孩子，往往缺点、弱点难以发现；表现不太好的孩子，其优点或长处也不容易被家长看到。只要家长平心静气地想一想，认认真真地观察一下，表现不太好的孩子身上也有闪光点，只不过是被他们身上较为突出的缺点、弱点所掩盖了。家长应当努力挖掘、发现，不为偏见或成见所蒙蔽，及时抓住他们的好思想、好品德、好行为，诚心诚意地给予充分肯定，大力表扬，高度赞赏，以唤起他们的自尊心、自信心，激起他们的上进心，给他们勇气和动力。

第八节　为什么不能简单粗暴地对待孩子的过错

孩子在思想、行为上发生过错，引起家长生气、愤怒，是可以理解的。但有些家长大动肝火，怒不可遏，张口谩骂，抬手就打，这是不可取的。

对犯有过错的孩子，采取简单粗暴的态度，进行谩骂、殴打，不利于孩子改正过错。谩骂、殴打严重损害孩子的人格，伤害孩子的尊严，会引起孩子的反感，甚至有意跟家长对着干，越是谩骂、殴打越是不改正。

谩骂殴打孩子，是企图将孩子压服。要促其改正过错，只能说服，以理服人。压是压不服的。若非要通过谩骂、殴打压服孩子的话，会强迫孩子撒谎。孩子为了避免继续蒙受人格的侮辱和受皮肉之苦，只好暂时认错，表示改错；谩骂殴打过后，仍旧是依然故我，养成撒谎欺骗的习惯和两面派行为。旧过错没改正，又添新毛病。

谩骂、殴打还会扼杀孩子的个性，扭曲孩子的性格。对待孩子采取简单粗暴的态度，会使个性较强的孩子，变得越来越任性；使那些性格本来就怯懦的孩子，变得胆小怕事、唯唯诺诺，养成奴隶的性格。

谩骂、殴打还会伤害孩子的神经系统，使之变得呆头呆脑，注意力不集中，记忆力减退，思维力减弱。

经常地谩骂、殴打孩子，会使孩子变得荣辱不分、软硬不吃，表扬他不激动，侮辱他不觉耻辱，说服教育无效，谩骂、殴打不在乎，正像有人编写的《挨打歌》所说的那样：“一次挨打战惊惊，两次挨打哭不停，十次挨打眉头紧，百次挨打骨头硬，千次挨打功夫到，酣然微笑入梦中。”多次的谩骂、殴打，把孩子的自尊心、自信心和上进心都一扫而光，变得“针插不进”、“水泼不进”、“刀枪不入”，顽固不化。这样，教育者便无计可施，束手无策了。

谩骂、殴打孩子是一种不冷静、缺乏理智的行为，往往是在急性和冲动的状态下出现的。在怒不可遏的情绪支配下谩骂、殴打，常常是不择手段，不顾轻重分寸，弄不好就有可能失手，伤害孩子的身体，造成残疾，甚至会发生意想不到的极为严重的后果，比如前些年青海省夏某母亲的罪错，就是在盛怒之下造成的。

对孩子的过错采取简单粗暴的态度，会极大地降低家长在孩子心目中的威信，使家长的形象变得可憎可恶，完全丧失教育者的资格和教育子女的主动权，导致教育工作的彻底失败。

对孩子的过错采取简单粗暴的态度，不但反映家长不懂得孩子的心理特征和教育规律，还说明家长头脑里有严重的封建家长制的旧意识，认为子女是自己私有财产或附属品，有权任意处置。在过去，家长有这种特权；现在，再滥用特权，就行不通了，不会有任何积极的教育效果，应彻底清除这种旧意识。

第九节　为什么要提倡言传身教相结合

家庭教育，顾名思义，就是在家庭里由父母或其他年长者对子女或年幼者实施的一种非正规教育。这种教育和正规的学校教育不同，它是在家庭的日常生活之中，随时随地进行的。父母或其他年长者是子女或年幼者的首任教师，也是终身教师；既是最直接最经常模仿的榜样，也是生活的引路人。

在许多家长看来，教育子女的主要方式或唯一的方式就是讲道理，进行说服教育。采取摆事实、讲道理的方式对孩子进行说服教育，是一种行之有效的教育方式。通过讲道理，给孩子传授知识和生活经验，明确行为规范，使之掌握知识和能力，养成良好的行为习惯和思想品德，这是家长们经常采用的一种教育方式。但是，只是一味地讲道理，教育效果还不是很好，应当把言传和身教密切结合起来。

孩子从小时候开始，就和家长朝夕相处，甚至形影不离，接触机会多，时间长，关系也最亲密，感情也很亲切。就是在孩子入学之后，每天仍有大约三分之二的时间是在家庭里，在父母身边生活。特别是由于家长和孩子具有一种特殊的、天然的血缘关系，家长在抚养孩子的过程中，感情极为亲切，也逐步树立了较高的威望。在孩子心目中，父母或其他年长者是最标准、最正确的，有的孩子对父母甚至达到了崇拜的境地。所以，家长的言行举止，对孩子有重要的直接的影响，时时刻刻都在产生着潜移默化的作用。不管是正确的言行举止，还是错误的言论行动，孩子都会不加选择地加以模仿。有人说：孩子是父母的影子。这种说法，不无道理。

自古以来，我国的家长们就特别重视自己身教的作用。孔子说："其身正，不令而行；其身不正，虽令不从。"是说家长自己行为端正，就是不命令孩子，也会跟着家长的样子去学；反之，家长自己行为不端正，却硬要孩子行为端正，那也是不可能的。

家长对孩子提出要求，讲清道理，希望孩子按照正确的原则去行事；如果家长的所作所为与对孩子的要求恰恰相反，言行不一，家长的教育和要求就难以实现。道理即使讲得再透彻，再深刻，也显得苍白无力，缺乏说服的力量。而假如家长要求孩子怎样做，自己身先士卒，首先做到，家长的说服教育就会有巨大的说服力和推动力，孩子自然而然会按家长的要求和意图去做。

许多事实表明，家长的言传和身教密切结合，会产生最佳的教育效果。家长应加强自身修养，提高自身素质，时时、处处以身作则，给孩子做出好榜样。

第十节　为什么成天唠叨起不到教育作用

现在，家长们都望子成龙心切，重视对孩子进行管理教育。特别是对初中生，家长们都觉得放松不得。于是，只要和孩子一见面，就要抓住一切机会对子女进行说服教育。这种教育子女的积极性是难能可贵的。

但是，有不少家长只有一个良好的愿望，有高度的责任心，却不注意讲究教育方式方法和艺术，往往不分时间、地点、场合，见面就无休无止地空空洞洞地进行反反复复的说教。说服教育是一种正确的教育方式方法，但不是在任何时候、任何场合、任何地点、任何情况下，都会有积极作用的。有时家长苦口婆心地说了很多，孩子却没听进去，把家长的说教当成耳边风，甚至还产生反感。

中学生凑在一起谈论家长，常常这样说："我最烦我爸爸妈妈絮絮叨叨！"对此，多数学生颇有同感。有的说："只要回家，和家长一见面，他们就唠叨开了：你应该这样，不应该那样……有些话，他们不知说了多少遍了，可每次说起来还像头一次那样津津有味，真烦人！"有的说："除非你甭出错，稍微出一点儿毛病，你就听吧，爸爸训完了妈妈训，轮番作战。不管什么场合，什么时间，有没有外人在场，训起来没完没了，一数落就是好几天。我简直都忍无可忍了！"

家长们听了这些议论，会有什么感想呢？有的家长可能会说，我们一片苦心，全都是为孩子好。这些孩子真不知好歹！

其实，孩子们的议论和牢骚是有道理的。家长所教诲的，孩子都已经知道了，再没完没了、翻来覆去地说个没完，那不是多余的吗？不要以为家长多重复一遍，孩子就会加深印象，就会刻骨铭心。实际效果，恰恰与此相反。翻来覆去地千叮咛万嘱咐，使孩子认为家长不相信他们，他们自然会反感。有了缺点、毛病，家长指出来就行了，给孩子留有余地，注意调动和发挥孩子的主观能动性，就有利于他们改正。没完没了地训斥，会使孩子感到家长是抓住孩子的"辫子"不放，是在借机发泄私愤，孩子肯定会厌恶。特别是不分时间、地点、场合，也不管有没有外人在场，一数落就没完，这使孩子很难堪，让孩子下不了台，这并不利于他们改正。

因此，家长对孩子进行教育也好，进行批评也好，都要有始有终，讲清道理就可以了。管教孩子，应当选择时机。有利于为孩子所理解和接受可以管教；不利于孩子理解和接受，就暂时先不要管教。应等待时机，注意选择时机。

第十一节 怎样跟孩子谈心

“孩子越大越没有意思了，小的时候多好玩，什么话都和我说，现在可好，和大人就是没话说。”类似这位家长的抱怨，如今在我国许多家庭普遍存在。孩子长大了，却与父母疏远了，难道父母与孩子真的没有共同语言吗？教育专家指出，在缺乏有效的语言沟通的背后，其实是父母无法探知孩子内心世界的苦恼。

天津市社会科学院副研究员王小波分析说，其一，孩子的自我保护，为的是免受父母的伤害。做父母的一定会辩解：我怎么会伤害孩子，我做的一切都是为了他好。正是这个“为他好”，就像一位高中生在日记中写的：“他们对我的生活照顾得无微不至，什么也不让我干，但是我真正想要的、想干的，他们并不了解，也不感兴趣，他们只是希望我好好念书，除了念书什么也不让做。”孩子已经长大了，有了独立的思想、意识、渴望，而父母对孩子的想法、做法每每是不尊重、轻视甚至呵斥，这很容易刺伤那些正在长大、渴望成熟的心。其二，孩子的话大人听不懂。一些父母不善于学习，不愿了解新鲜事物，所以跟不上时代的步伐，也得不到孩子的尊重。在如今这个时代，现实的压力让父母深感学历的重要，所以一味地要求孩子考大学选好专业，而对学习之外的需要忽视、漠然。这种态度渐渐也造成了父辈与子辈之间不可填补的鸿沟。在某些方面，孩子在成长，父母却落后了；对新事物的兴趣、孩子谈话的兴奋点，父母都很茫然，却仍然每天絮絮叨叨，这必然导致与父母之间无话可谈。其三，网络时代，网络语言流行。不上网的父母当然听不懂什么是“青蛙、恐龙、大虾”之类的词，却只觉得都是些贫嘴呱舌，对其不屑一顾。而孩子们则觉得父母索然无味，只会唠叨瞎操心。久而久之，再想坐到一处聊聊天，都变得不可能了。

如何消除父母与孩子之间鸿沟呢？王小波认为，首先，父母要给孩子留出心理空间，要关注新事物。其次，要主动和孩子说心里话，与孩子建立一种朋友般的习惯。家人聊天不仅可以引导孩子养成倾听与倾诉的习惯，还可增进家庭成员之间的关系，父母就不会再觉得与孩子沟通是一件很难的事了。

孩子到了初中阶段，进入了青春发育期。他们产生了强烈的成人感，不愿意家长总把他们当小孩子看待，希望家长能像对待成年人那样，给予应有的尊重。若是像对待小孩子那样，动不动就居高临下地管教和训斥，他们就从感情上难以接受。而把他们当成成年人看待，就像跟同事一样地平等地进行谈心，孩子感到受到了尊重，会认真听取、接受家长的教育，言谈举止会更加自重，更严于律己。

家长和孩子谈心，是说服教育方法中最常用的具体教育方式。谈心是结合子女的思想实际，家长和子女共同分析讨论问题，多是用来了解子女的思想状况，帮助子女提高认识，领会某种道德行为规范，掌握正确的思想观念。谈心的话题，可以是广泛的，也可以集中谈某一个问题。谈心的态度要温和，气氛要轻松，是双方平等讨论，不能是板着面孔，只是家长说，孩子被动地听。谈心的内容，应有针对性，是孩子正好需要解决的问题，不能只是家长一方感兴趣，而孩子不感兴趣。谈心内容的深浅难易程度要适中，是孩子理解得了的，孩子也能参与。谈心要有启发性，引导孩子去思考，由孩子找到答案，不要都由家长把结论说出来，强制进行灌输。谈心应当视孩子的思想水平，尽可能做到深入浅出，联系孩子身边的或亲身经历过的事实，易于为孩子所理解。

谈心开始要自然，话题最好是在闲聊中自然而然地引导到一定的主题。谈心时，要创造条件，让子女充分发表意见，阐述自己的观点。子女讲话，家长要认真地听，即便是家长认为是不正确的观点，也要耐心听，让孩子讲完讲清楚；然后，家长再阐述自己的看法。子女不同意家长的看法，可以反驳，可以提出自己的不同看法；如家长不同意孩子的看法，允许孩子保留自己的看法，不要强制子女接受家长的观点。

家长和子女进行真诚、平等、民主的谈心，不但可培养孩子逻辑思维能力和口头表达能力，还可以进一步密切家长和子女的关系，增进家长和子女之间的相互了解和信任，提高家长在子女心目中的威信。经常谈心，不仅把家长的意图渗透到子女的头脑里，还可以为以后的教育奠定良好的感情基础。

家长能和子女平等地谈心，这反映了社会主义家庭中良好的父母子女关系。在谈心中，可以使子女认识自身价值，增强自尊心，培养民主、平等意识，这对他们将来适应社会生活，在社会生活中发挥主人翁的责任感，是很有好处的。家长应当经常采用这种教育方式方法。

第十二节　应该对孩子进行恰当的性道德教育

道德是调整人际关系的行为准则和行为规范。道德与政治法律、校规校纪不同。政治法律、校规校纪是通过强制手段来约束人们的行为，调整解决个人与个人、个人与集体、个人与国家之间的矛盾和纠纷。道德就不同，不是通过强制手段，而是通过社会舆论、优良传统、家庭影响、良好校风、榜样感召，以及思想教育的作用，使人们逐渐形成是非标准、善恶观念、美丑判断，自觉遵循一定的道德原则和伦理规范来约束自己的行为，调整人际关系。

这里所说的性道德，是专指男女中学生应该共同自觉遵守的有关性生理、性心理、性意识、性行为等方面的行为规范。性道德是整个道德建设必不可少的一个组成部分，是社会主义精神文明建设不容忽视的一项重要内容。

中学生的性道德应以社会主义道德和共产主义道德为主要依据；应以自尊、自重、自爱、自律、自强为思想基础。

在当前社会主义初级阶段，道德教育内容是有层次性的。社会主义基本道德，即爱祖国、爱人民、爱劳动、爱科学、爱社会主义，这是我国当前道德建设的基础要求。“五爱”是党和国家对每一位公民、每一位中学生提出的起码应该遵守的道德要求和行为准则。在全社会树立和发扬“五爱”的社会主义道德风尚的同时，党和国家还对社会中先进分子提出更高的道德要求，那就是为了共产主义理想，为了人民长远利益和最大幸福，站在时代潮流前面，努力开拓，公而忘私，勇于献身的共产主义道德。这种崇高的共产主义道德，应当在学校积极提倡，在家庭深入宣传。性道德是与社会主义道德和共产主义道德密切相关的。可以说是社会主义道德与共产主义道德的派生物。越是那些社会主义道德、共产主义道德水平高的人，越容易具有高尚的性道德修养。因此，教育孩子讲究性道德，应从加强社会主义道德和共产主义道德培养入手，要以社会主义道德和共产主义道德为主要依据。不然，性道德就成了无源之水，无本之木。

一个人能自尊，而不刚愎自傲，则必意志坚定，不卑不亢；一个人能自重，而不狂妄自大，则必敦品厉行，看重人格；一个人能自爱，而不孤芳自赏，则必谦虚谨慎，珍惜名誉；一个人能自律，而不迂阔固执，则必崇尚理智，遵纪守法；一个人能自强，而不桀骜不驯，则必胜不骄、败不馁，勇往直前。自尊、自重、自爱、自律、自强，这是任何一位有成就伟大人物所必不可缺的美德。对正在发育成长的中学生来说，更是应该大力培养人格素质。自尊、自重、自爱、自律和自强植根于坚定的社会主义、共产主义信念；来源于对祖国、对社会、对他人的责任心和荣誉感；还来源于对自己的正确评价，和因此而树立的献身四化建设的奋斗目标。因此，自尊、自重、自爱、自律和自强，这5种人格素质构成了中学生性道德的思想基础。

以此作为主要依据和思想基础，针对青春期孩子的实际情况，现提出以下7条性道德规范，供家长教育孩子时参考：

一是不口出污言秽语；

二是不窥探异性同学的生理、心理秘密；

三是不对异性同学做出任何轻薄挑逗动作；

四是不看、不传阅淫秽书画；

五是不听、不传递淫秽信息；

六是不胡猜乱议某某男女同学之间的关系；

七是不要对异性同学随便表示爱慕之情，更不能强迫异性同学接受自己的爱慕表示。

教育孩子讲究性道德，可以使孩子初步懂得在与异性接触时，怎样保持心地纯正，行为文明；可以使孩子大体知道怎样尊重异性，尊重自己，有助于自尊心和荣誉感的培养；还可以增强孩子的社会感和责任心，有利于高尚人格的形成。

案例：北京中学女生埋怨妈妈从不谈性

“你认为妈妈给你讲了哪些生殖健康知识？”“没讲，也不敢问！”在北京八中举行的“青春健康”项目——北京八中互动活动中，10名高二的女孩用硬邦邦的答案回复了主持人的提问。

这些女孩的答案被她们用炭笔大大地写在一张大白纸上，其中两个感叹号涂抹得很大很黑。他们中间的代表面对10位专家，丝毫不掩饰内心的“抗议”——“我们的家长很少给我们讲必要的性知识，妈妈甚至说我是从西瓜地里捡来的，我觉得妈妈没有尽到责任。”

在回答如何看待女生和男生牵手的问题时，妈妈和女儿的意见冲突也十分激烈。多数妈妈都对男女拉手现象表示反对，有的甚至感到“十分气愤”；然而几乎所有的女孩都认为拉手很正常，妈妈思想需要开放。

第十三节　怎样和孩子做知心朋友

孩子小时候，总要在家长身边，像个小尾巴似的，跟家长形影不离；有什么事，总乐于跟家长说，有时家长忙得不可开交，顾不上听孩子说他的事，孩子还要追着跟你说，非要你听不可。

孩子上了中学，情况就大不一样了。不但不愿意总跟在家长身边，乐于单独行动，而且，有话也不愿意跟家长说，有时还故意背着家长，宁可跟同学说，让同学知道，也不愿意让家长知道。这种情况，反映孩子到了少年期以后，心理上产生了闭锁性特征。

这种心理上的闭锁性特征，表明孩子独立意识的增强。但对家长深入了解孩子，接近孩子，有针对性地进行教育，造成了一定的困难。为了更好地教育孩子，家长应设法成为孩子的知心朋友。

首先，家长应充分认识孩子年龄特征，正视并尊重孩子闭锁性的心理特征。有的家长，不了解少年期孩子的这种心理特征，认为孩子不尊重、不信任家长。还总是疑心生暗鬼，主观臆断：好事不背人，背人没好事。以为孩子凡是不跟家长说，背着家长的，肯定不是好事。其实，这完全是主观主义的偏见。孩子不乐意跟家长说的事，不见得都是见不得人的坏事；他们不乐意跟家长讲，主要是为了维护自己的自尊和独立，不愿让成年人干预。家长应给予充分信任和尊重，孩子不愿讲的事，家长不要强迫孩子说，允许孩子有自己的隐私。这样就会取得孩子的信任和尊重。

孩子有自己独特的心理世界，他们有时说出话来，家长可能感到很无知幼稚；做出事来，可能是错误的，使家长很生气。对待中学生的言行举止，应当给予理解。对于错误的言论和行为，可以批评教育，但不要用尖刻的语言讽刺、挖苦、奚落、谩骂。因为这样会极大地伤害他们的自尊心，以后再有话也不会跟家长说了，做事也会完全都背着家长。对于孩子的错误言行，应当取善意关怀、诚恳帮助的态度。这样，就有可能成为孩子的知心朋友。

要成为中学生的知心朋友，家长应把他们当成成年人看待，自己的心里话也可以主动跟孩子说，听听他们的看法，让他们谈谈意见和建议。家长若能这样尊重孩子，孩子也会更加尊重家长。古人说："敬人者，人恒敬之。"家长尊重孩子，跟孩子坦诚相见，孩子有心里话，也会毫无保留地跟你说，成为无话不谈的知心朋友。

在你心里你的孩子可能永远长不大，但是很多孩子在 15 岁或更早的时候就希望把自己当做大人来对待，这时家长完全可以用成人的谈话方式和孩子讨论问题，而不再是完全的"家长"。把孩子当做朋友，当他认为和你聊天没有"被惩罚的威胁"时，他才会无所不谈。

第十四节　为什么不要过分关心孩子

中学生仍旧是未成年人，不能独立生存和生活，他们对家庭、父母有较大的依赖性。家长对孩子的衣、食、住、行等物质生活应当给予照料，向他们提供良好的物质生活环境和条件。这不仅有利于孩子身心健康成长发育，也有利于加深家长和子女之间的感情。对孩子的生活不关心，不为孩子提供必要的生活条件，会有碍于孩子的身心健康发展，这也是道义和法律所不容的。

现在，在许多中学生家里，家长对孩子过分关心。由于家庭子女少，家长有时间有精力关心照顾孩子。特别是在独生子女家庭里，家长对孩子照顾得更为周到。孩子上中学了，日常生活中的事，全由家长包办代替，衣服家长洗，被子家长叠，房间家长收拾，洗脸家长打水，吃饭家长侍候……不少孩子在家庭里过着养尊处优的生活，是“衣来伸手，饭来张口”，自己应该做、也能做的事，全由家长包办代替，像这样过分地关心照顾孩子，不但会越来越增强孩子对家庭、父母的依赖性，而且也会使孩子完全丧失生活自理的能力，不利于他们将来适应社会生活。

家长必须明白，孩子长大以后，总要离开家庭、父母，独立于社会生活中，一切都要他们自己料理。到中学阶段，还不培养他们生活自理能力，以后就很难培养了。我们做父母的都有这样的切身体验：一个人的劳动、工作和独立生活能力，都不是天生的。不管多么简单的劳动，多么容易的事情，不让他们自己去做，去实际锻炼，他们就总也学不会。不管多么的困难，你不让他们亲身体验，去碰一碰，他们就总是缺乏克服困难的能力和毅力。不管多么简单的实际问题，不让他们独立思考、处理、解决，他们就总不会具备独立处理问题的能力。家长过分关心照顾孩子，一切都包办代替，就等于把他们的手脚和头脑都束缚起来，有手脚不会动，有大脑不会思考，这样实际上就是有意无意地阻碍了孩子的身心正常发展，他们就总也长不大。将来一旦离开家庭、父母，走上社会，他们将处处碰壁，寸步难行，连独立生活都不行，更何谈在事业上有所作为。

家长过分地关心照顾孩子，一切都包办代替，表面上看是在爱孩子，实际上是在害孩子。家长不要只为孩子的眼前利益着想，尽量让他们生活得舒适，而应为他们的长远利益考虑。特别是在市场经济社会，社会生活对未来的社会成员，在独立能力方面提出了更高的要求，家长应敏感地意识到这一点。不要过分关心照顾，应创造条件，放手让他们在实践中锻炼，增长才干，增强独立意识，以迎接市场经济生活的挑战。

第十五节　怎样对待“代沟”现象

“代沟”是个外来语，从西方文化社会学中移植过来的。所谓“代沟”，指的是两代人之间由于对一些社会问题的价值观和生活感受不同而存在着的差异、隔膜和对立。

“代沟”是一种普遍的社会现象，可以说无处不在。而在家庭里，则表现得尤为突出。这是因为，两代人在家庭的接触最为频繁，彼此最为熟悉，又具有天然的血缘关系，往往可以无顾忌地表示对某些社会问题和生活问题的态度和看法。由于两代人生活年代不同，环境不同，对许多社会问题和生活问题，会有不同的态度和看法。特别是在今天，社会政治经济发生急剧变革的时代，家庭里的“代沟”现象更为普遍、突出。

由计划经济体制向市场经济体制转化，这是极为深刻的社会变革，新事物、新思想和新观念层出不穷。这些新事件、新思想和新观念的出现，在人们的思想观念上都会有所反映。中学生的思想与小学生的思想有所不同，他们的思想逐步具有社会性的特点，开始关心社会问题；自我意识加强，对于生活问题也开始有自己的感受。由于孩子思想活跃，感觉敏锐，往往接受新事物、新思想、新观念很快；而中老年人呢，虽也能逐步接受这些新事物、新思想和新观念，但一般要比孩子们慢。于是，这种差异就明显地表现出来了。

当自以为“知子莫如父”的父母，看到从小在自己眼皮底下长大的子女，对同一个问题发表与自己完全不同的见解时，便会大惑不解，感到熟悉的子女一下子变得陌生起来；而自幼养成信赖、尊敬、崇拜父母习惯的子女，当看到父母对自己的某些思想行为不理解、不支持时，也产生抵触情绪，认为父母思想保守，观念陈旧，跟不上时代的发展。于是，在思想上双方就产生隔膜和对立，关系也紧张起来，教育工作往往产生危机。

"代沟"的出现和存在，并不是坏事。没有"代沟"就没有社会的进步。家长应当正视并理解这种社会现象。"代沟"的存在，是给家长教育子女带来一定的难度，但家长不能因此而厌恶孩子。尽管在孩子思想上，常常带有偏激情绪和绝对化的倾向，有时也显得很冲动，家长应不急不躁，对他们的思想进行全面分析。应主动和子女加强思想的沟通，增进双方进一步的了解和理解。子女是对的，家长应给予肯定；是自己思想保守的，家长也应勇于承认。若双方对某些问题能通过沟通达到大体统一，那当然很好；假如不能达到统一，也不能硬行强制对方改变，应允许各自保留自己的看法和观点，做到求同存异，待以后经过进一步实践，再交流看法和观点也不迟。

第十六节　怎样对待孩子的逆反心理

在家庭教育中，人们常常遇到这样一种现象：有的孩子，你越限制、反对他做什么，他越是非要做不可。你要是不管他，不反对，不加限制，他还有可能就自动地不那么做了。人们将孩子们的这种心理状态，称作"逆反心理"。

处在中学阶段的孩子，这种心理尤为强烈。一般情况，这种专与家长对着干的表现，并不是孩子有意惹家长生气，而是由他们强烈的成人感所驱使，要极力摆脱成年人的管束，自己支配自己的言行，自己操纵自己的命运。因为成年人管束、支配孩子，孩子就觉得自己仍旧被视为小孩子，被当做成年人的附属品。对此，他们很反感，采取强烈反抗、坚决抵制的态度。即或是孩子认为家长管得对，但从感情上也往往难以接受。于是，家长往往以为孩子是在故意气家长，是成心跟家长过不去，因而，对孩子的这种表现，极为反感。

家长应当认识到，孩子此时要摆脱家长的管束，在国外被称作是"心理的断乳"。孩子在小时候，由吃奶到吃一般食物，曾经有过一次断奶。那次断奶，是母亲主动，孩子被动。母亲最后一次把奶头从孩子嘴里拔出来，是有些于心不忍，但最痛苦的不是母亲，而是孩子。“心理的断乳”和孩子小时候的断奶，恰恰相反，是孩子主动，家长被动，最痛苦的是家长。再加上中学阶段孩子由于摆脱成年人的管束的愿望太强烈了，往往采取专与家长对着干的态度，因此，家长是很难从感情上容忍这种现象的。

中学生的逆反心理，是一种正常的心理现象。对此，家长应有清醒的认识，不要误以为孩子是学坏了。在孩子的逆反心理表现得很强烈时，家长最好暂时先做一些让步，不要硬与孩子较劲。因为家长与孩子较劲，往往成为促使孩子与家长对着干的动力。所以，家长采取让步的态度，或者缓和的、耐心说理的态度，就不会强化孩子的逆反心理。特别是处在少年期的孩子，本来就好走极端，家长再与之较劲，就更易促使他们走极端。

对于孩子的逆反心理，家长不仅要认识，要理解，也应引导孩子自己认识、理解。让他们正视自己此一年龄阶段的特殊的心理特点，并认识其危害，可以使他们在发作时，进行自我心理调整。

第十七节　出走的孩子应怎样教育

近些年来，学生离家出走的事屡有发生。小学生独立意识和能力还不那么强，对家庭依赖性较大，出走的现象少；高中生有出走的现象，也少，原因是头脑冷静一些，考虑问题也全面一些。在出走的孩子中，尤以初中生为最多。

孩子离家出走，是使家长最着急的事，也给社会带来了麻烦。

中学生离家出走的原因当然是多方面的，总的看家长方面的原因是主要的。有的是平时家长对孩子管束过苛过严，孩子忍无可忍，离家出走，要过几天自由自在、无人管束的日子；有的家长只要求孩子念好书，学好功课，对他们其他方面的需求、兴趣全然不顾，孩子以离家出走作为要挟手段，迫使家长做出让步；有的家长之间关系不和，整天吵闹打架，家庭没有安静的环境，孩子烦躁得不能忍受，只好离开家庭，寻找一个安静的生活环境；也有的是孩子犯了什么错误，家长一气之下，采取粗暴的态度，殴打谩骂，为摆脱皮肉之苦，只好逃离家庭；还有的是孩子在家庭里没有地位，没有尊严，受歧视虐待，为了逃避，离家出走成为一种自我保护的途径，等等。

中学生出走，除了家庭方面的原因以外，和孩子的年龄特征也有关系。这仍旧和他们非常强烈的独立意识和遇事好冲动，不考虑后果，有一定的关系。在家庭生活中，一些孩子不管什么原因，跟家长发生了矛盾和冲突，不能调和，就自以为不依靠家庭也能独立生活，于是，脑子一热，便贸然离家出走。他们以为自己独立生活能力很强，可一旦离开家，便觉得困难重重，难以自存，很快便回心转意。事情往往就是这样：当拥有时，不觉得珍贵；一旦丧失，便觉得非常珍贵。中学生对家庭、父母，就是这种态度和感受。

为避免孩子出走，家长平时就应多做努力。要多关心、爱护、体贴、理解他们，经常和他们进行思想沟通，了解他们的需求和思想动态；不要对他们管束过于刻苛，要给他们一些主权；不要期望过高，脱离实际，应当正视现实。孩子出走了，要想办法尽快把孩子找回来；孩子回家了，要冷静，努力克制自己无益有害的感情冲动，不要说过头的话，做过头的事。做父母的，对未成年子女有抚养教育的义务，应当创造条件，使他们得到物质生活的保证和家庭温暖与幸福，任何不负责任的态度和歧视虐待，都是道德与法律所不容许的。家长应具有这样一种公民意识。

孩子离家出走，不管是什么原因造成的，这是家庭教育的一大失误。家长应当认真总结教训。未成年人子女独自或结伙出走，有很大危害。他们缺乏独立生存和生活的能力，正常的生活条件得不到保障，影响身心健康；或因生活所迫，或是被坏人所诱惑，走上违法犯罪道路；极个别的人身安全还受到威胁。常言说，儿行千里母担忧。正常的外出旅游、办事，做父母的都担忧，更何况是私自离家出走。

一般情况，孩子离家出走，当他们遇到难以克服的生活困难时，会回心转意，能自己返回；即或是不能很快回来，也不见得是不想回家，往往是觉得有点骑虎难下。不管是孩子自己主动回家的，还是被找回家的，当孩子回家之后，要慎重对待，小心翼翼地处理和解决问题，防止他们再次出走。

孩子回到家来，总是一种回心转意的表现。家长不要急于弄清什么原因，分清是谁的责任，更不要不分青红皂白地训斥、抱怨。应先把他们安顿下来，好好休息，等情绪安定下来，有什么再慢慢说也不迟。

对待出走回家的孩子，不论是谁的责任，做父母的应当首先进行自我检查，主动承担责任。家长是教育者，是子女的保护者，当然应当首先承担责任。因为在家庭教育中，家长起主导作用；从法律的角度讲，家长负有法律的责任。孩子的离家出走是家长失职。这种承担责任，应当是诚心诚意的，而不是虚情假意的。不要怕自己主动承担责任，会助长孩子的错误思想。家长的诚心诚意，会对孩子起到感化作用。特别是对那些出走主要是他们自己的错误，而家长责任不大的孩子，家长的诚意会有极大的感化作用，更能促使孩子主动承认出走的错误，认真吸取教训。

应当教育孩子，和家长发生矛盾，不要采取这种方式解决，这种方式有百害而无一利，弄不好还会发生人身安全事故。应当耐心地跟孩子讲清利害关系，而不是简单粗暴地训斥、指责。必要的时候，也可以进行批评，但不是在孩子刚刚回家不久，要等过一段时间再说。

孩子的出走，有的是想暂时地摆脱家庭生活困境，有的就是要用出走强迫家长改变对他们的错误态度。绝大多数情况下，造成孩子离家出走的直接原因是家长的过错，孩子经多次抵制无效，迫不得已走出这一步，为的是以此让家长猛醒。家长应该注意，孩子出走，即或是有他们自身一些原因，也不要过多地抱怨孩子，家长应当把孩子的出走看成是对自己错误的教育思想、教养态度和教育方式方法的冲击，认识其严重性，认真纠正自己的过错，以免再次发生这样的事故。因此，当孩子出走归来时，主要还不是如何对待孩子的问题，而应当是如何检讨自己的问题。

第十八节　怎样以良好的生活方式影响孩子

家庭生活方式，指的是家庭成员在长时间的共同生活中，逐步形成的生活作风、传统习惯、道德行为规范、为人处世之道等等。生活方式实际就是“家风”、“门风”的具体表现形式，是无声的语言，无形的影响，对子女来说是重要的教育途径。

在家庭生活中，家庭成员的思想作风、行为准则，家庭成员之间是一种什么样的关系，如何相处，家庭的经济生活和精神生活状况如何，怎样处世、待人、接物，如何与同事、朋友、亲戚、邻居交往，有什么样的生活习惯、情趣、爱好、追求，等等，这一切，都形成了较为稳定的习惯势力。这种习惯势力，家庭成员在日常生活中处处都能自然地流露出来，子女作为家庭成员，生活在其间，身临其境，耳濡目染，时时刻刻都在受着熏陶感染，势必在子女身上打上深深的烙印。尤其是未成年子女，更容易接受家庭生活方式的影响，子女的品德和行为习惯，往往是家庭生活方式的一面镜子。法国教育家卢梭说过，生活方式本身就是一种教育。这种说法很有道理，也相当深刻。

有的家长倒是很重视子女的教育工作，要求也很严格。但是，只注意到说服教育，却很少考虑日常家庭生活对子女的熏陶。由于自己的家庭生活方式不大健康文明，结果说教不少，可效果不大，甚至事与愿违。因为生活方式的潜移默化作用要比说教的作用大得多。

家庭的生活方式体现在家庭日常生活的各个领域的方方面面，包括物质生活和精神生活，家庭内部关系和家庭外部关系，家庭劳动生活和家庭闲暇生活，等等，时时、处处、事事都有反映。比如，家庭经济生活如何安排，衣、食、住、行等方面的习惯，业余精神生活有哪些爱好，家庭成员之间是否民主、平等，对来访客人是否热情和一视同仁，与人交往是否谦和友好，等等，这一切都对孩子产生着重要影响。家长应当努力建立健康文明的生活方式，给子女创造一个良好的精神环境，克服不健康不文明的生活方式。

家庭的生活方式，说透了，主要是家长的生活方式，或者说是主要家庭成员的生活方式。因为家长或主要家庭成员在家庭生活中地位重要，他们的生活方式对全家人都有影响。因此，要建立良好的家庭生活方式，家长应首先改进自己的生活方式。

家庭是社会的细胞，是社会的缩影。社会政治经济的变革势必会推动家庭生活方式的进步。在现代社会，家庭生活方式也应逐步实现现代化。因为家庭是子女走上社会生活之前的演习场，家庭生活方式实现现代化，有利于子女适应社会生活。

第十九节　怎样帮助孩子正确对待金钱

金钱原不是什么坏东西。在生产上，它是经济核算和经营活动的指标；在市场上，它是商品交换的媒介。只要商品生产存在一天，人们居家过日子就离不开金钱。随着我国市场经济的发展，金钱在社会生活中比以往任何时候都更加活跃。孩子在小学阶段直接接触金钱并不太多，到中学阶段接触金钱的机会就普遍增多了。应当帮助孩子正确对待金钱，以便更好地适应社会生活。

金钱不等于“臭铜”。尤其是在市场经济社会，人们应当充分认识金钱的社会作用。但是，货币流通只是人们交换“物化劳动”的一种手段，并不是人与人之间唯一的关系。作为社会的人，人与人之间还有更重要更经常的交流，那就是社会伦理感情的交流。对人的价值的评价，人的价值的体现，不在于他获得多少金钱，拥有多少金钱，而主要在于他对社会有多大的奉献。

人们对待金钱的态度，反映对待人生的态度，反映具有什么样的人生观。金钱是人们在日常生活中离不开的东西，但如果把对金钱的追求作为人生最终的目标，就会走上“拜金主义”的邪路。社会上之所以有些人走上违法犯罪的道路，就是把拥有金钱作为人生最终追求目标。

现在，有一种“拜金主义”的思潮，对孩子们不同程度地产生了不良的影响。我们应当教育孩子认识到，“拜金主义”者不是提高了自身的价值，反而是降低了自身的价值，甚至使人成为金钱的奴隶。早年，鲁迅先生怀揣由三四十元钱折换来的现银时，曾面对那包银子感慨地说：“沉甸甸地坠在怀中，似乎就是我的性命的斤两……却突然起了另一思想，就是，我们极容易变成奴隶，而且变了之后，万分欢喜。”这里，鲁迅先生是告诫人们：这“万分欢喜”恰恰是“金钱万能”的假象造成的，这种人不只是被金钱晃花了眼睛，也湮灭了心灵应有的光辉，丧失了自己的人格。

有些家长，为了鼓励孩子学习的积极性，经常用金钱刺激孩子，考试得多少分，奖励多少钱；也有的让孩子参加家务劳动，采取与孩子签订家务劳动劳务合同的方式，做一次家务劳动，付给多少劳动报酬。这种用金钱鼓励孩子学习和参加家务劳动的做法，是以放弃社会义务和家庭义务为代价，换取孩子的学习和劳动的积极性。久而久之，就会引导孩子丧失对社会和家庭的义务感。

随着生活水平的提高，许多家庭经济状况都有所改善，于是，一些家长对孩子也出手大方起来，动辄以名牌服装、高档用具作为礼物或奖品，使得中学生中攀比现象日渐严重，这对培养孩子正确的价值观是极为不利的，家长们应当引起重视。当然，随着孩子的长大，家长们在家庭条件许可的情况给予孩子一定的消费条件还是可以的，但一定要指导合理消费，让他们学会安排，懂得计划，以便将来更好地适应社会经济生活。

第二十节 怎样才能在教育中保持理智，掌握分寸

在家庭教育中，有一个很难把握可又特别重要的问题，那就是保持理智分寸。所谓理智，就是遇事能够自觉地、有效地克制激情和冲动，保持清醒冷静的头脑。所谓分寸，就是遇事能把握一个“度”，不说过头话，不做过头事。保持理智，掌握分寸，是家庭教育成败的关键问题。

有不少的父母，在对孩子进行管教时，往往好走极端。比如说，对孩子严格要求，以为越严越好，于是，不论大事小事，一概严得不得了，把孩子管得死死的，一动也不敢动；要说爱孩子，就爱得不得了，看孩子哪儿都是优点，毛病一点也看不到，事事迁就，处处放任，一点儿也不管；要说给孩子以自由，就一点规矩也没有；要说对孩子讲纪律，就一点自由也没有，等等。若以上述态度对待孩子，肯定不会有好的效果。

我们知道，不论做什么事情，都要保持头脑冷静清醒，处理问题掌握分寸尺度。头脑不冷静清醒，总是在激情和冲动中处理问题，很容易把简单的问题给搞得复杂化了；不讲分寸尺度，很容易把事情搞糟。即或是做好事，过了“度”，超了有益的限度，也会走向反面。有人说，真理超越一步就成为谬误，就是这个意思。

在教育子女的过程中，掌握不好分寸尺度，也同样不能达到

预期的目的。比如，严格过了度，就会变成苛求，不但对孩子起不到积极作用，反而会引起反抗、抵触；对孩子爱过了度，会使之放任自流，养成不良行为习惯；要求过于苛刻，就会束缚孩子个性的发展，把孩子管成木头人；对孩子讲平等过了度，孩子会不把家长放在眼里，家长就没有威信；民主讲过了度，就是极端民主化，家长就会失去教育的主动权。

家长在教育子女的过程中掌握不好分寸尺度，一是因为家长处理问题时头脑不冷静；二是因为不懂得掌握分寸尺度的重要性；三是掌握分寸尺度，也确实是一件很难的事。

保持理智，需要家长要有很强的自我克制能力。在管理教育孩子时，自己的言行举止要自觉置于理智支配之下，不能感情用事，不能听任感情的支配。教育不是发泄愤恨，也不是抒发某种感情，而要促使孩子思想转化，一切不利于教育效果的激情和冲动都要极力克制。

分寸尺度的掌握，要在教育实践中逐步摸索，没有现成的一成不变的分寸尺度，应从孩子的实际出发，视孩子的个性特征、年龄特征和当时的情绪状态，来把握恰当的分寸尺度。中学生家长尤其应当注意，任何不注意分寸尺度的管教，都难于为孩子所接受。

第二十一节　怎样培养孩子的竞争意识和能力

在市场经济发展的今天，竞争成为一种十分普遍的社会现象，它遍布于社会生活的各个领域。没有竞争的“世外桃源”，在市场经济社会是难以找到的。“物竞天择”、“适者生存”、“优胜劣汰”，是人们不可回避的社会现实。现在的中学生，都面临着将来进入社会生活，如何参与竞争的问题。缺乏竞争意识和能力，难以立足于社会。

然而，我们中国人自古以来，就不大提倡竞争。所谓竞争，就是为了自己方面或自己的利益同对方争胜。在中国人眼里看来，争强好胜不是什么君子风度，而应当是“和为贵，忍为高”。孔子说，君子有三戒。其中之一就是“戒之在斗”。就是力戒竞争，不要去争强好胜。古人还把“好斗”、“争强好胜”，看做是不孝父母的一种表现。

长期以来，我们中国人缺乏竞争意识和竞争能力，这跟我们的生产方式、经济体制有密切关系。过去，中国是小农经济社会，新中国成立以后，又多年实行的是计划经济体制，社会不需要人们具备竞争意识和能力，社会也没有提供培养这种意识和能力的环境。而现在，我们实行市场经济体制，对人们的竞争意识和能力提出很高的要求，缺乏这种意识和能力，在社会上将寸步难行。

家庭作为子女进入社会生活之前的“演习场”，应当注意并加强培养孩子的竞争意识和能力。

首先，家长要教育并引导孩子认识处处充满竞争的社会现实生活，不回避现实。还要让孩子懂得，竞争是相当残酷的，使孩子进入社会生活之前，有充分的思想准备。

第二，要鼓励孩子增强自信，不惧怕竞争，并且努力争取在竞争中获胜。

第三，教育孩子要努力学习，积极参加实践锻炼，不断进步，增长知识和才干。让孩子懂得只有具备真才实学才能有竞争实力。

第四，支持孩子参加带有竞争性的学习、体育、文娱活动，增长竞争的能力和经验，培养适应激烈竞争的良好心理状态。

第五，教育孩子树立胜不骄、败不馁的思想。获胜了，不骄傲自满，故步自封，停滞不前；失败了，不灰心丧气，要能认真总结竞争失利的原因，努力争取获胜。

第六，教育孩子学会运用正当的手段进行平等的竞争，不得使用不正当手段。

第二十二节　怎样提高孩子的抗挫能力

现在的孩子们，一般都有积极进取、争强好胜的精神，但是却普遍缺乏经受挫折的精神。若是一帆风顺，吃点苦受点累，还可以；一旦遭受挫折，便难以忍受，甚至会从此一蹶不振。

缺乏抗挫能力，实际上就是缺乏适应社会生活的能力。因为社会生活是相当复杂的，人生道路绝不是平平坦坦的。社会上的事情，不都是天遂人愿，完全以人们的主观意志为转移，客观环境不可能任人任意支配。在生活的旅途中，遭受挫折是很难完全避免得了的。因此，缺乏抗挫能力，是难以立足于社会的，更难于在事业上有所成就。

我们许多做父母的，对孩子从小就是过度保护，过分关心，从来都舍不得让孩子经受一点点磨难和困难。有了磨难，家长替孩子承受；遇到困难，家长替孩子解决。使孩子从一生下来，就一直生活在一个理想化的世界里，从未经受过任何磨难和困难，不知道什么是痛苦，家长觉得这是对孩子的深切的爱，孩子生活得很幸福，自己也为之欣慰。其实，这不是真正的爱孩子。一个孩子从小就在一个遂人愿、心想事成的理想化的环境里生活，一旦进入社会生活，对于任何挫折都没有思想准备，没有切身体验，缺乏应付能力，是难以生活的。到那时候，孩子的痛苦将会增加很多倍。

特别是投身于市场经济社会生活，处处、时时、事事都面临着激烈的竞争。既然是参与竞争，就有两种可能性：一是获胜，一是失败。任何参与竞争者，都不能只有一种思想准备，应当是极力争取获胜，同时也要准备应付失败，经受挫折。抗挫能力，应当说是现代社会的人所必须具备的一种能力。

培养抗挫能力，学校应负责，家长更应主动承担这个任务。首先，家长要正确引导孩子认识社会生活，不要把社会生活描绘得太理想化了，使孩子对社会生活产生不切实际的幻想。第二，孩子在生活中遇到困难，遭受到挫折，家长不要大惊小怪，要沉着冷静。如果家长面对孩子遇到的困难和遭受的挫折惊慌失措，过分紧张，不但不会减轻孩子思想压力，反而会使孩子产生畏难情绪，被挫折所压倒，完全丧失经受挫折的勇气。家长的情绪和态度，直接关系到孩子有没有自信的问题。第三，遇到困难或遭受挫折，家长不要代替孩子去克服或经受，应鼓励孩子自己面对现实，有勇气去独立克服和应付，从而使之受到锻炼。第四，遭受挫折后，家长不要报怨，更不要挖苦、讽刺，而应当帮助孩子认真总结教训，看问题是出在哪里，是主观原因，还是客观原因，把教训视为一种宝贵的精神财富，认真吸取，以利再战。

第二十三节　当孩子不喜欢老师时

有些孩子不喜欢某一位老师，于是不愿意听那位老师的课，作业不爱做，孩子的学习成绩严重滑坡。家长知道了这种情况，往往是感到束手无策。那么，怎样应对这种情况呢？下面介绍几点：

1. 必须分析具体原因

“亲其师，信其道”是常理，然而如何使孩子与老师亲起来呢？先分析孩子不喜欢老师的原因。一般来说，有以下几种可能的原因：

第一，孩子没有得到老师的重视。老师没有让孩子当干部，没有给孩子一定的工作任务，甚至在课堂上很少提问他，或者老师从来没有跟他交谈过。

第二，孩子对某科的学习缺乏兴趣。成绩不好，即使老师没有对孩子批评、责备，孩子自认为学习不好，老师不会喜欢自己，于是对老师缺乏感情。

第三，因为纪律问题或个别错误受到老师的批评过多，过于严厉。受到太多、太严厉批评的孩子，在老师面前缺少成功、愉快的心理体验，造成感情上的隔膜。

第四，被老师冤枉过，老师又没有认真承认自己的失误。孩子被冤枉，耿耿于怀，产生委屈甚至怨恨情绪，与老师感情疏远。

要解决孩子不喜欢老师的问题，必须分析具体原因是什么，找准了原因，再思考解决措施。必要时，家长应该加强与老师的沟通，通过逐步建立感情基础的方法，交换看法来解决问题。

2. 对孩子进行尊师教育

学生必须尊敬老师，这是对学生最基本的要求之一。有了尊敬，才能建立良好的师生感情。教师也是人，难免有缺点、有错误，如果因为教师工作中有缺点、错误就不尊敬，那是不对的。最忌讳家长站在狭隘的立场，对老师品头论足，一旦家长对教师失敬，再教育孩子是很难的。在教育孩子尊敬老师之前，家长应该先检查一下自己的态度，如有不当，先行调整。

3. 到学校跟老师交谈

孩子不喜欢哪位老师，家长应先主动与这位老师沟通，以尊敬、虚心的态度，倾听老师的话，包括批评孩子，甚至批评自己，家长这样做，会促使老师自省。当老师态度平和之后，家长跟孩子一起请教老师，当面分析孩子的优点与不足，要孩子表态好好听老师教导，好好听课，认真完成作业。孩子真的有所进步，老师可能表扬他，也可能在课堂上给孩子表现的机会，这就会使孩子与老师之间由疏远逐步亲近起来。当然，家长也可以在给孩子提出要求的同时，请求老师在课堂上或课下给孩子一定的表现机会，让孩子完成力所能及的任务。

4. 指导孩子给老师写书面材料

有的孩子出于害羞、胆怯，与老师面对面沟通心理发憷。这种情况，其实并非说明孩子不喜欢老师，对有这种心理的孩子可以指导孩子以书面形式与老师交流。要让孩子理清自己的思想，自己的缺点，自己的意愿，在尊敬老师的前提下如实写出来，向老师汇报，请求老师的指导、帮助。如果发现有的老师在教育言行中存在严重的问题，则应采取适当的方式向学校领导反映。注意，态度要诚恳，内容要客观。